Eduard Mühle

Die Slaven im Mittelalter

Das mittelalterliche Jahrtausend

Im Auftrag der
Berlin-Brandenburgischen
Akademie der Wissenschaften

Herausgegeben von
Michael Borgolte

Band 4

berlin-brandenburgische
AKADEMIE DER WISSENSCHAFTEN

Eduard Mühle

Die Slaven im Mittelalter

DE GRUYTER

ISBN 978-3-11-048814-2
e-ISBN (PDF) 978-3-11-049015-2
e-ISBN (EPUB) 978-3-11-048828-9

Library of Congress Cataloging-in-Publication Data
A CIP catalog record for this book has been applied for at the Library of Congress.

Bibliografische Information der Deutschen Nationalbibliothek
Die Deutsche Nationalbibliothek verzeichnet diese Publikation in der Deutschen Nationalbibliografie; detaillierte bibliografische Daten sind im Internet über http://dnb.dnb.de abrufbar.

Satz: Konrad Triltsch, Print und digitale Medien GmbH, Ochsenfurt
Umschlagabbildung: Liber Floridus, Map of Europe by Lambert von St. Omer, f. 241r, Ghent University Library, BHSL.HS.0092.
Druck und Bindung: Hubert & Co. GmbH & Co. KG, Göttingen
♾ Gedruckt auf säurefreiem Papier
Printed in Germany

www.degruyter.com

Vorwort

Rasch nach Band 3 kann das Mittelalterzentrum der Berlin-Brandenburgischen Akademie der Wissenschaften in seiner Reihe der Jahresvorträge den Beitrag des Osteuropahistorikers Eduard Mühle aus Münster vorlegen. Der hier gebotene Text lehnt sich eng an Mühles Referat am 9. Februar 2016 an, das wiederum großes Publikumsinteresse fand und eine lebhafte Diskussion auslöste. Ich danke Eduard Mühle besonders herzlich dafür, dass er sein Manuskript, textlich ausgeweitet und ergänzt um umfassende Quellen- und Literaturnachweise, für unsere Reihe so schnell zur Verfügung gestellt hat. Mein Dank gilt ebenso dem Verlag Walter de Gruyter, besonders Dr. Jacob Klingner und seinen Mitarbeiterinnen Maria Zucker und Julia Hachula, für die wie immer engagierte Mitwirkung bei dieser Veröffentlichung.

Die Reihe wird fortgesetzt.
Berlin, im Februar 2016 — Michael Borgolte

I

Noch in jüngsten mediävistischen Synthesen begegnen ‚die Slaven‘ in Sätzen wie diesen: „So stand Karl [der Große] unermüdlich im Krieg. Jedes Jahr versammelte er sein Heer und zog gegen die benachbarten Reiche – gegen die spanischen Muslime, gegen den Herzog von Bayern, gegen das Reich der Langobarden in Oberitalien (...) sowie gegen die Sachsen, die Bretonen, die Slaven und die Awaren.“[1] – „Kommen wir auf die letzte Welle der Invasionen und der Christianisierung zurück (...). Die Slawen waren bereits auf christianisiertes Gebiet vorgedrungen und hatten zur Bildung eines gemischt bevölkerten Europa beigetragen.“[2] – „Heute [weiß man], dass von einer Vertreibung oder Ausrottung der Slawen (...) bei der Ostsiedlung nicht die Rede sein kann. (...) Im Gegenteil gilt als sicher, dass die Ankömmlinge mit den eingesessenen Slawen (...) zusammenwuchsen.“[3] – „Seit 1222 bestanden auch in Paris Nationen (...), die anglogermanische [umfasste Schüler] aus England, Schottland, Deutschland, Ungarn, den slawischen und den skandinavischen Ländern.“[4]

Was diese beliebig herausgegriffenen Aussagen verbindet, ist die Tendenz zu einer ebenso bezeichnenden wie pauschalierenden Vorstellung von der östlichen Hälfte des europäischen Kontinents und ihrer Bevölkerung. Diese Vorstellung, die sich sowohl aus den mittelalterlichen Quellen selbst als auch aus der seit dem ausgehenden 18. Jahrhundert entfalteten Mittelalterforschung speist, soll im Folgenden einer kritischen Reflexion unterzogen werden. Dabei werde ich mich auf die mittelalterlichen Grundlagen dieser Vorstellung beschränken und ihre jüngere, wissenschaftsgeschichtliche Ausprägung unberücksichtigt lassen. Dass ‚die Slaven‘ in nicht geringem Maße auch eine ‚Erfindung‘ der Aufklärung und Romantik waren, dass sie erst von der Sprachwissenschaft, Archäologie und Historiographie in umfassender Weise als eine sprachlich-kulturelle, ja ethnische Einheit imaginiert wurden und dass ‚die Slaven‘ als eine solche *imagined community* im 19. und 20. Jahrhundert in entsprechende – austro-, pan- und neoslavische oder bruderslavisch-sozialistische – politische Programme eingespannt wurden, kann hier nur konstatiert, nicht aber eingehend ausgeführt werden.[5]

---

1 *Stefan Weinfurter*, Das Reich im Mittelalter. Kleine deutsche Geschichte von 500 bis 1500. München 2008, 36.

2 *Jacques Le Goff*, Die Geburt Europas im Mittelalter . (Europa Bauen.) München ²2004, 65.

3 *Michael Borgolte*, Europa entdeckt seine Vielfalt 1050–1250. (Handbuch der Geschichte Europas, Bd. 3.) Stuttgart 2002, 237.

4 Ebd., 309.

5 Aus der umfangreichen, aber sehr disparaten einschlägigen Literatur vgl. beispielsweise *Conrad Grau*, Slawen in Deutschland im Geschichtsbild der deutschen Aufklärung, in: Lětopis 39/2

Gefragt werden soll stattdessen, wie die mittelalterliche Welt ‚die Slaven' sah beziehungsweise danach, welche Konzepte und Vorstellungen die einschlägigen Quellen mit den fraglichen Begriffen verbunden haben.[6]

(1992), 51–58; *Sebastian Brather*, Slawenbilder, ‚Slawische Altertumskunde' im 19. und 20. Jahrhundert, in: Archeologické rozhledy 53 (2001), 717–751; *Ders.*, Germanen, Slawen, Deutsche. Themen, Methoden und Konzepte der frühgeschichtlichen Archäologie seit 1800, in: Ders. / Christine Kratzke (Hrsg.), Auf dem Weg zum Germania Slavica-Konzept. Perspektiven von Geschichtswissenschaft, Archäologie, Onomastik und Kunstgeschichte seit dem 19. Jahrhundert. (GWZO-Arbeitshilfen, Bd. 3.) Leipzig 2005, 27–59; *Hans Hennig Hahn*, Der Austroslawismus. Vom kulturellen Identitätsdiskurs zum politischen Konzept, in: Gun-Britt Kohler u. a. (Hrsg.), Habsburg und die Slavia. Frankfurt a. M. u. a. 2008, 49–75; *Krzysztof A. Makowski / Frank Hadler* (Hrsg.), Approaches to Slavic Unity. Austro-Slavism, Pan-Slavism, Neo-Slavism, and Solidarity Among the Slavs Today. Poznań 2013; *Stefan Troebst*, Slavizität. Identitätsmuster, Analyserahmen, Mythos, in: Ders., Erinnerungskultur – Kulturgeschichte – Geschichtsregion. Ostmitteleuropa in Europa. Stuttgart 2013, 29–41.

6 Zur methodisch-konzeptionellen Verortung dieses Frageansatzes vgl. *Hans-Werner Goetz*, Vorstellungsgeschichte. Gesammelte Schriften zu Wahrnehmungen, Deutungen und Vorstellungen im Mittelalter. Bochum 2007, bes. 3–18; *Klaus Oschema*, Bilder von Europa im Mittelalter. (Mittelalter-Forschung, Bd. 43.) Ostfildern 2013, bes. 28–31.

II

Slavischsprachige Bevölkerungsgruppen werden in den Quellen nicht vor dem 6. Jahrhundert fassbar. Sie kamen zu diesem Zeitpunkt selbstverständlich nicht aus dem Nichts und hatten ihre Vorgeschichte. Doch entzieht sich diese bis heute einer unumstrittenen wissenschaftlichen Erkenntnis. Weder die Geschichts- und Sprachwissenschaft, noch die Archäologie und Anthropologie haben bislang allgemein anerkannte Antworten auf die Frage nach der Herkunft und Genese der slavischsprachigen Bevölkerung Europas geben können.[7] Auch ihre Lebensverhältnisse sind für die Zeit vor ihrem ersten Auftauchen in den schriftlichen Quellen kaum wirklich erhellt. Diese Quellen setzen um die Mitte des 6. Jahrhunderts ein.[8]

---

7 Einblicke in die sehr unterschiedlichen, sich teils diametral widersprechenden und wechselseitig ausschließenden Theorien und Interpretationsansätze bieten *Jerzy Nalepa*, O pierwotnych siedzibach Słowian w świetle nowszych badań archeologicznych, lingwistycznych i historycznych, in: Slavia Antiqua 48 (2007), 11–96; ebd. 50 (2009), 23–200; im einzelnen für die Geschichtswissenschaft *Walter Pohl*, Die ethnische Wende des Frühmittelalters und ihre Auswirkungen auf Ostmitteleuropa. (GWZO Oskar-Halecki-Vorlesung 2006.) Leipzig 2008; *Jerzy Strzelczyk*, Początki refleksji nad pochodzeniem i językiem Słowian, in: Ders., W świecie średniowiecznych myśli i emocji. Wybór prac. Poznań 2012, 45–76; für die Archäologie *Sebastian Brather*, Archäologie der westlichen Slawen. (Ergänzungsbände zum Reallexikon der Germanischen Altertumskunde, Bd. 30.) Berlin / New York 2001, bes. 31–50; *Paul M. Barford*, The Early Slavs. Culture and Society in Early Medieval Eastern Europe. London 2001, bes. 35–66; *Michał Parczewski*, Zum Stand der Diskussion der polnischen Archäologen über die Ethnogenese der Slawen, in: Jan Bemmann / Michał Parczewski (Hrsg.), Frühe Slawen in Mitteleuropa. Schriften von Kazimierz Godłowski. (Studien zur Siedlungsgeschichte und Archäologie der Ostseegebiete, Bd. 6.) Neumünster 2005, 19–22; für die Sprachwissenschaft *Henrik Birnbaum*, On the ethnogenesis and protohome of the Slavs: the linguistic evidence, in: Journal of Slavic Linguistics 1 (1993), 252–274; *Hanna Popowska-Taborska*, The Slavs in the early middle ages from the viewpoint of contemporary linguistics, in: Przemysław Urbańczyk (Hrsg.), Origins of Central Europe. Warszawa 1997, 91–97; *Dies.*, Wczesne dzieje Słowian w świetle ich języka. Warszawa ³2014; *Jürgen Udolph*, Die Heimat slavischer Stämme aus namenkundlicher Sicht, in: Elena Stadnik-Holzer / Georg Holzer (Hrsg.), Sprache und Leben der frühmittelalterlichen Slaven. Frankfurt/Main u. a. 2010, 161–188; für die neuerdings um DNA-Analysen ergänzten Ansätze der Anthropologie *Janusz Piontek*, Zastosowanie modelu paleodemograficznego do rekonstrukcji historycznego procesu etnogenezy Słowian, in: Acta Universitatis Lodziensis. Folia Archeologica 16 (1999), 285–299; *Ders.*, Origin of the Slavs as a pretext for discussion, in: Archaeologia Polona 44 (2006), 317–331; *Robert Dąbrowski*, Origin of the Slavs: an anthropological perspective, in: ebd., 333–338.

8 Zu den immer wieder unternommenen, letztlich unergiebigen Versuchen, ‚Slaven' oder ‚Protoslaven' bereits im antiken Schrifttum aufzuspüren vgl. beispielhaft *Lech A. Tyszkiewicz*, Słowianie w historiografii antycznej do połowy VI wieku. (Acta Universitatis Wratislaviensis. Historia, Bd. 55.) Wrocław 1990; zur Kenntnis der Antike vom östlichen Europa vgl. neuerdings

Sie stammen bis weit ins 7. Jahrhundert hinein ausschließlich aus der Feder byzantinischer Geschichtsschreiber. Diese notierten seit den 550er Jahren mit Schrecken, wie feindliche Verbände die Nordgrenze des oströmischen Reiches, die Donau, überquerten und immer häufiger bis tief in byzantinisches Kernland vordrangen.[9] Die neue Bedrohung trat nicht nur in Gestalt turksprachiger Reiterkrieger („Hunnen"/*Ουννοί*; „Bulgaren"/*Bulgari*) und rätselhafter, wahrscheinlich iranischstämmiger „Anten" (*Αντaι, Antes*), sondern auch als eine Gruppe hervor, die Prokopios von Caesarea (gest. um 562) als „Sklabenoi" (*Σκλαβηνοί*), ein im 6. Jahrhundert entstandenes dogmatisch-exegetisches Werk, der so genannte Pseudo-Caesarius von Nazianz als „Sklavenoi" (*Σκλαvηνοί*)[10], Johannes Malalas (gest. 578) und Agathias (gest. 582) als „Sklaboi" (*Σκλαβοί*) bezeichneten.[11] Der in Konstantinopel lateinisch schreibende Ostgote Jordanes (gest. 552) sprach hingegen von *Sclavini/Sclaveni.*[12]

Diese griechischen und lateinischen Namenformen haben die Byzantiner offenbar aus einer slavischsprachigen Selbstbezeichnung, wahrscheinlich *slov-

die auf das Gebiet des heutigen Polen bezogene Textsammlung von *Jerzy Kolendo / Tomasz Płóciennik* (Hrsg.), Vistula amne discreta. Greckie i łacińskie źródła do najdawniejszych dziejów ziem Polski. Warszawa 2015.

9 Noch kurz vor Mitte des 6. Jahrhunderts kannte eine von einem anonymen byzantinischen Offizier verfasste Abhandlung über Militärstrategie noch keine Slaven: Peri Strategias/Strategy in: *George T. Dennis*, Three Byzantine Military Treatises. Text, Translation and Notes. (Corpus Fontium Historiae Byzantinae, Bd. 25.) Washington D. C. 1985, 10–135.

10 *Rudolf Riedinger* (Hrsg.), Pseudo-Kaisarios. Überlieferungsfrage und Verfasserfrage. (Byzantinisches Archiv, Bd. 12.), 302.

11 *Rudolf Keydell* (Hrsg.), Agathiae Myrinensis historiarum libri quinque. (Corpus Fontium Historiae Byzantinae, Bd. 2.) Berlin 1967, 147; *Ioannes Thurn* (Hrsg.), Ioannis Malalae Chronographia. Berlin / New York 2000; *Ludwig August Dindorf* (Hrsg.), Ioannis Malalae Chronographia. (Corpus Scriptorum Historiae Byzantinae.) Bonn 1831, 490; *Johannes Thurn / Mischa Meier* (Hrsg.), Johannes Malalas Weltchronik. (Bibliothek der griechischen Literatur, Bd. 69.) Stuttgart 2009, 520 übersetzen *Σκλαβοί* fälschlich mit „Sklaven". Die Belege übersichtlich zusammengestellt auch bei *Günter Weiss* (Bearb.), Das Ethnikon Sklabenoi, Sklaboi in den griechischen Quellen bis 1025. (Glossar zur frühmittelalterlichen Geschichte im östlichen Europa, Beiheft 5.) Stuttgart 1988, 25, 29, 44–45.

12 *Theodor Mommsen* (Hrsg.), [Iordanis] De summa temporum vel origine actibusque gentis Romanorum. (MGH AA, Bd. 5,1.) Berlin 1882, 1–52, hier 52 berichtet von *instantia cottidiana Bulgarum, Antium et Sclavinorum*; *Theodor Mommsen* (Hrsg.), [Iordanis] De origine actibusque Getarum, ebd. 53–138, hier 62–63 nennt *Venethi, Antes, Sclaveni et Antes, qui quamvis nunc, ita facientibus peccatis nostris, ubique deseviunt*; vgl. auch *Jutta Reisinger / Günter Sowa* (Bearb.), Das Ethnikon Sclavi in den lateinischen Quellen bis zum Jahr 900. (Glossar zur frühmittelalterlichen Geschichte im östlichen Europa, Beiheft 6.) Stuttgart 1990, 155–156.

ěne, abgeleitet.[13] Die Wohnsitze der mithin slavischsprachigen feindlichen Verbände verorteten sie dabei durchweg nördlich der mittleren und unteren Donau beziehungsweise südlich, westlich und östlich des Karpatenbogens. Von dort aus überfielen die Sklabenoi, wie Prokopios schrieb, seit Beginn der Herrschaft Kaiser Justinians I. (d. h. seit etwa 527) „fast Jahr für Jahr" „Illyrien und ganz Thrakien, vom Ionischen Meerbusen bis zu den Vorstädten von Byzanz, dazu Griechenland und den Cherrones."[14] Dabei plünderten sie – so Prokopios weiter – „frech sämtliche Gebiete", „hausten fürchterlich" und „unmenschlich", fügten der römischen Bevölkerung „gräßliche Leiden" und „schreckliche Grausamkeiten" zu, verübten „unbeschreibliche Gräueltaten", brachten Gefangene auf qualvolle Weise zu Tode und schleppten Überlebende in die Sklaverei fort. Als derart „unerbittliche Feinde" „voll unersättlicher Kriegslust" konnten die Sklabenoi – die im Pseudo-Caesarius zur gleichen Zeit als „wild" beschrieben wurden[15] – von Prokopios kaum anders denn als „Barbaren", ja eine „tierähnliche Menschengruppe" wahrgenommen werden.[16] Daran ändert auch jene viel zitierte Charakterisierung nichts, die der byzantinische Autor an anderer Stelle in seine Darstellung der Gotenkriege einrückte und nach der die vermeintlich urdemokratisch

---

13 Über die Ethymologie und Semantik des entlehnten slavischen Wortes, von dem letztlich auch nicht völlig sicher ist, ob es sich tatsächlich um eine Selbst- oder nicht vielleicht doch eher um eine Fremdbezeichnung gehandelt hat, ist sich die Sprachwissenschaft allerdings bis heute nicht einig; *Franciszek Sławski*, Słowianie. Nazwa, in: Słownik Starożytności Słowiańskich. Encyklopedyczny zarys kultury Słowian od czasów najdawniejszych, Bd. 5. Wrocław u. a. 1961 – 1977, 274; *Herbert Schelesniker*, Der Name der Slaven. Herkunft, Bildungsweise und Bedeutung. (Innsbrucker Beiträge zur Kulturwissenschaft. Slavica Aenipontana, Bd. 1.) Innsbruck 1973, 7 – 11; *Helga Köpstein*, Zum Bedeutungswandel von Σκλαβοσ/Sclavus, in: Byzantinische Forschungen 7 (1979), 67 – 88, bes. 69 – 71; *Gottfried Schramm*, Venedi, Antes, Sclaveni, Sclavi. Frühe Sammelbezeichnungen für slawische Stämme und ihr geschichtlicher Hintergrund, in: Jahrbücher für Geschichte Osteuropas 43 (1995), 161 – 200, bes. 163 – 165, 183 – 188. Vgl. auch *Florin Curta*, The Making of the Slavs. History and Archaeology of the Lower Danube Region c. 500 – 700 (Cambridge Studies in Medieval Life and Thought). Cambridge 2001, 346: „Slavs did not become Slavs because they spoke Slavic, but because they were called so by others."

14 *Jakob Haury / Gerhard Wirth* (Hrsg.), Procopii Caesariensis opera omnia. Bd. 3: Historia quae dicitur arcana [Ανέκδοτα]. Leipzig 1963, 114 – 115; deutsch zitiert nach *Otto Veh* (Hrsg.), Prokop, Anekdota. München 1961, 157.

15 *Riedinger* (Hrsg.), Pseudo-Kaisarios (wie Anm. 10), 302.

16 *Jakob Haury / Gerhard Wirth* (Hrsg.), Procopii Caesariensis opera omnia. Bd. 2: De bellis libri V-VIII [Ιστορίαι]. Leipzig 1963, 353 – 354, 423, 468 – 470, 481, 623; deutsch zitiert nach *Otto Veh* (Hrsg.), Prokop, Gotenkriege, München 1966, 521, 523, 625, 691, 693, 711, 913; *Jakob Haury / Gerhard Wirth* (Hrsg.), Procopii Caesariensis opera omnia. Bd. 4: Peri ktismaton libri VI sive de aedificiis [Περί Κτισματων]. Leipzig 1864, 103; deutsch zitiert nach *Otto Veh* (Hrsg.), Prokop, Bauten. München 1977, 171; zu Autor und Werk vgl. auch *Anthony Kaldellis*, Procopius of Caesarea. Tyranny, History, and Philosophy at the End of Antiquity. Philadelphia 2004.

organisierten, stets nur leicht bewaffnet und halbnackt in den Kampf ziehenden Sklabenoi zwar primitive, aber doch „keineswegs schlechte und bösartige Menschen" gewesen seien.[17] Diese Charakterisierung ist ebenso als eine von antiken Topoi geprägte literarische Stilisierung anzusehen wie jenes Idyll, das die *Historiae* (Ιστορίαι) des Theophylaktos Simokates (gest. nach 628) präsentierten. Auch hier steht das Bild der friedliebenden Sklavinoi, die „die Kithara trügen, weil sie nicht darin geübt seien, ihrem Körper Waffen anzulegen", ziemlich vereinzelt den zahlreichen Schilderungen ihrer fortgesetzten kriegerischen Handlungen gegenüber.[18] In ähnlicher Weise hat ein im ausgehenden 6., beginnenden 7. Jahrhundert verfasstes byzantinisches Militärhandbuch, das traditionell Kaiser Maurikios zugeschriebene *Strategikon* (Στρατηγικόν), die fraglichen Topoi mit Beobachtungen zur Siedlungs- und Wirtschaftsweise der Sklaboi, vor allem aber mit einer Beschreibung ihrer Kriegsführung verbunden. Wenn dabei Hinweise darüber eindeutig im Vordergrund standen, wie die Sklaboi in ihrer spezifischen Kampfweise am besten zu bezwingen seien, dann widerlegt auch dies schlagend den Topos von deren Sanftmut, Friedfertigkeit und militärischen Unbedarftheit. Auch das *Strategikon* nannte die Sklaboi letztlich hinterhältige, unzuverlässige Gegner, die nicht mehr als ein „Räuberleben" führten.[19]

Bis weit ins 7. Jahrhundert hinein blieben die slavischsprachigen Barbaren für die byzantinischen Beobachter eine undifferenzierte, aber territorial überschaubare, entlang des nördlichen Donauufers siedelnde Gegnergruppe. Dass in Konstantinopel darüber hinaus zu diesem Zeitpunkt bereits Teile der späteren West- oder Ostslaven bekannt waren, wie die ältere Forschung gestützt auf Jordanes und Prokopios gemeint hat[20], ist eher unwahrscheinlich.[21] Selbst für die aus unmit-

17 *Haury / Wirth* (Hrsg.), Procopii De bellis (wie Anm. 16), 357–359; deutsch zitiert nach *Veh*, Prokop, Gotenkriege (wie Anm. 16), 527, 529.

18 *Peter Schreiner* (Hrsg.), Theophylaktos Simokates, Geschichte. (Bibliothek der griechischen Literatur, Bd. 20.) Stuttgart 1985, 164 f.; vgl. auch *Michael Whitby*, The Emperor Maurice and his Historian: Theophylact Simocatta on Persian and Balkan Warfare. (Oxford Historical Monographs.) Oxford 1988, 138–183.

19 *George T. Dennis* (Hrsg.), Das Strategikon des Maurikios. (Corpus Fontium Historiae Byzantinae, Bd. 17.) Wien 1981, 371–387.

20 Vgl. *Gerard Labuda*, Pierwsze wzmianki o Słowianach nad Łabą i Bałtykiem, in: Fragmenty dziejów Słowiańszczyzny zachodniej. Tom 1. Poznań 1960; *Joachim Hermann*, Byzanz und die Slawen ‚am äußersten Ende des westlichen Ozeans', in: Klio 54 (1972), 309–319; *Schreiner* (Hrsg.), Theophylaktos (wie Anm. 18), 323–324.

21 *Lothar Waldmüller*, Die ersten Begegnungen der Slawen mit dem Christentum und den christlichen Völkern vom VI. bis VIII. Jahrhundert. Die Slawen zwischen Byzanz und dem Abendland. Amsterdam 1976, 19–21; *Florin Curta*, Hiding Behind a Piece of Tapestry: Jordanes and the Slavic Venethi, in: Jahrbücher für Geschichte Osteuropas 47 (1999), 321–340, bes. 336–338; *Marcin Wołoszyn*, Theophylaktos Simokates und die Slawen am Ende des westlichen Ozeans

Karte 1: Die Sklabenoi im Blick der byzantinischen Quellen

telbarer Nachbarschaft und leidvoller Berührung bekannten Sklabenoi/Sklaboi blieb das Bild lange unscharf. Zwar wurden hier und da – zuerst in den 580/590er Jahren bei Menander Protektor (gest. vor 602)[22] – bereits einzelne herausgehobene slavischsprachige Anführer identifiziert. Doch eine Binnendifferenzierung der Sklabenoi/Sklaboi in Untergruppen – in ‚Stämme' – nahm man offenbar erst im ausgehenden 7. Jahrhundert wahr. Es war der damals verfasste jüngere Teil der *Miraculi sancti Demetrii*, der anlässlich der Schilderung slavischer Angriffe auf Thessalonike beziehungsweise der slavischen Landnahmen im Umland der makedonischen Hauptstadt mit den Drogubiten (*Δρογουβιται*), Sagudaten (*Σαγουδατοι*), Belegeziten (*Βελεγεζηται*), Baiuniten (*Βαϊουνηται*), Berziten (*Βερζηται*), Strymoniten (*Στρυμονίται*) und Rhynchinen (*Ρυγχίνοι*) die ersten slavischsprachigen Teilverbände benannte.[23] Zugleich hielten die dem Thessaloniker Stadtheiligen gewidmeten hagiographischen Texte die frühesten Nachrichten über dauerhafte Ansiedlungen slavischsprachiger Gruppen auf byzantinisch-griechischem Kerngebiet fest.[24] Und tatsächlich erfasste der byzantinische Blick seither nicht mehr nur die aus dem mittleren und unteren Donaugebiet sporadisch – zwischen den 560er und 620er Jahren zumeist im Bund mit den Avaren – in byzantinisch-griechisches Kernland vorstoßenden barbarisch-feindlichen Sklabenoi/Sklaboi, sondern immer häufiger auch einzelne slavischsprachige Personen, Söldnergruppen oder ganze Siedelgemeinschaften, die in byzantinische Dienste traten beziehungsweise sich auf oströmischem Boden dauerhaft niederließen.[25]

– die erste Erwähnung der Ostseeslawen? Zum Bild der Slawen in der frühbyzantinischen Literatur. Eine Fallstudie. Kraków 2014, bes. 62, 65, 69, 83 – 84.

22 *Roger C. Blockley* (Hrsg.), The History of Menander the Guardsman. Introductory Essay, Text, Translation and Historiographical Notes. Liverpool 1985, 194; *Ernst Doblhofer* (Hrsg.), Byzantinische Diplomaten und östliche Barbaren. Aus den Excerpta de legationibus des Konstantinos Porphyrogennetos ausgewählte Abschnitte des Priskos und Menander Protektor. (Byzantinische Geschichtsschreiber, Bd. 4.) Graz / Wien / Köln 1955, 181 – 184, 203 – 204, 207.

23 *Paul Lemerle* (Hrsg.), Les plus anciens recueils des miracles de Saint Démétrius et la pénétration des Slaves dans les Balkans, Bd. 1: Le texte. Paris 1979, 175, 208 – 209, 211, 229; zu den Stammesgruppen vgl. auch die Einträge in *Władysław Kowalenko / Gerard Labuda* u. a. (Hrsg.), Słownik Starożytności Słowiańskich. Encyklopedyczny zarys kultury Słowian od czasów najdawniejszych. Wrocław u. a. 1961 – 1977, Bd. 1, 108 – 109 (Berzetowie), 389 (Drugowici); Bd. 4, 629 – 639 (Rynchinowie); Bd. 5, 18 (Sagudaci), 441 – 442 (Strumińcy); Bd. 6, 296 – 297 (Wajunici), 357 – 358 (Welegezyci).

24 *Lemerle* (Hrsg.), Les plus anciens recueils (wie Anm. 23), 208 – 210

25 Vgl. *Max Vasmer*, Die Slaven in Griechenland. (Abhandlungen der Preußischen Akademie der Wissenschaften. Jahrgang 1941. Philosophisch-historische Klasse Nr. 12.) Berlin 1941, bes. 14 – 17; *Johannes Koder*, Der Lebensraum der Byzantiner. Historisch-geographischer Abriß ihres mittelalterlichen Staates im östlichen Mittelmeer. (Byzantinsche Geschichtsschreiber, Ergänzungsband 1.) Graz / Wien / Köln. 1984, 140 – 144; *Evangelos Chrysos*, Settlements of Slavs and

Für letztere begann die byzantinische Verwaltung konsequenterweise, das Sklabenoi/Sklaboi-Ethnonym in eine Territorialbezeichnung – Sklavinia (*Σκλαυινία*) – weiterzuentwickeln.[26]

Im Verlauf des 8. Jahrhunderts wurde der mithin nach wie vor eng auf unmittelbare byzantinische Interessen beschränkte Blick, wie in erster Linie die zu Beginn des 9. Jahrhunderts verfasste Chronik (Χρονογρφία) des Theophanes Confessor (gest. 818) und das nur wenig später entstandene Breviarium (Ιστορία σύντομος) des Patriarchen Nikephoros (gest. 828) zeigen, in zweierlei Hinsicht modifiziert und erweitert. Zum einen traten die Sklabenoi/Sklaboi nun nicht mehr im Verbund mit den Avaren, sondern seit den 680er Jahren als Verbündete der reiternomadischen Bulgaren in Erscheinung, mit denen Teile von ihnen bald einen neuen, mächtigen gemeinsamen Herrschaftsverband bilden sollten. Zum anderen beobachteten die Byzantiner, wie größere slavischsprachige Bevölkerungsgruppen infolge von Zwangsmigrationen und Söldnerrekrutierungen in einen direkten Kontakt mit der arabischen Welt traten.[27] Gleichzeitig ließ die Intensität der byzantinischen Beobachtung slavischsprachiger Bevölkerungsgruppen in den überlieferten Quellen deutlich nach. Notierten diese für die 520er bis 620er Jahre insgesamt 85 Ereignisse, bei denen Sklabenoi/Sklaboi in den Blick gerieten, so vermerkten sie für die zweite Hälfte des 7. Jahrhunderts noch 32 und für das ganze 8. Jahrhundert lediglich 15 solcher Ereignisse.[28] Es hat den Anschein, als hätten die Byzantiner, sobald der Schrecken der ungeordneten Sklabenoi-Invasionen des 6.–7. Jahrhunderts überwunden war, sich die slavischsprachigen Verbände durch Ansiedlung auf Reichsgebiet beruhigt und als perhorreszierte barbarische Feinde weitgehend verflüchtigt hatten, das Interesse an ihnen verloren. Schon für das

Byzantine sovereignty in the Balkans, in: Klaus Belke u. a. (Hrsg.), Byzantina Mediterranea. Festschrift für Johannes Koder zum 65. Geburtstag. Wien 2007, 123 – 135.

26 *Cyril Mango / Roger Scott* (Hrsg.), The Chronicle of Theophanes Confessor. Byzantine and Near Eastern History AD 284 – 813. Oxford 1997, 667; Bilderstreit und Arabersturm in Byzanz. Das 8. Jahrhundert (717 – 813) aus der Weltchronik des Theophanes. Übersetzt, eingeleitet und erklärt von *Leopold Breyer*. (Byzantinische Geschichtsschreiber, Bd. 6.) Graz / Wien / Köln 1957, 151; *Francis Dvornik* (Hrsg.), La vie de Saint Grégoire le Décapolite et les Slaves macédoniens au IXe siècle. (Travaux publiés par l'Institut d'édutes slaves, Bd. 5.) Paris 1926, 54; *Florin Curta*, Sklaviniai and Ethnic Adjectives: A Clarification, in: Byzantion 30 (2011), 85 – 98; *Andreas Gkoutzioukostas*, The term *Σκλαυινία* and the use of adjectives which derive from the ethnic names in the History of Theophylact Simocatta, in: Antonios-Aimilios Tachiaos (Hrsg.), Cyril and Methodiius: Byzantium and the World of the Slavs. Thessalonike 2015, 639 – 646.

27 *Mango / Scott* (Hrsg.), The Chronicle of Theophanes Confessor (wie Anm. 26), 511, 597; *Carl de Boor* (Hrsg.), Nicephori archiepiscopi Constantinopolitani opuscula historica. Leipzig 1880, 3 – 77, hier 35 – 37, 68 – 69.

28 Nach *Weiss* (Bearb.), Das Ethnikon Sklabenoi (wie Anm. 11), 25 – 124.

8. Jahrhundert betreffen im Übrigen nur noch 5 der 15 Ereignisse, die in den vor Ende des 9. Jahrhunderts entstandenen Quellen mit Sklabenoi/Sklaboi in Verbindung gebracht werden, kriegerische byzantinisch-slavische Zusammenstöße; elf beziehen sich auf verschiedene Sklabenoi-Gruppen innerhalb des oströmischen Reiches, während sie in drei Fällen als Verbündete der Bulgaren und in einem Fall als arabische Söldner begegnen.[29] Ganz ähnlich verhält es sich für das 9. Jahrhundert, für das lediglich 13 zeitgenössische Berichte über Sklabenoi/Sklaboi überliefert sind. Von ihnen betreffen nur noch vier byzantinisch-slavische Militärkonflikte, während sechs wiederum verschiedene slavischsprachige Gruppen innerhalb des oströmischen Reiches beziehungsweise seiner militärischen und administrativen Strukturen und fünf als Verbündete der Bulgaren beschreiben.[30]

Im Verlauf des 10. Jahrhunderts verlieren die byzantinischen Quellen die Sklabenoi/Sklaboi noch weiter aus den Augen.[31] Während ein Kaiser Leo VI. (Leon Sophos, gest. 912) zugeschriebenes Militärhandbuch (*Τά ἐν πολέμοισ τακτικά*) unter Verwendung der bei Prokop und Theophylaktos tradierten Topoi von den Sklaboi, ihren Sitten und Gebräuchen bereits nur noch konsequent in der Vergangenheitsform erzählte[32], kannte ein gegen Ende des 10. Jahrhunderts von einem Anonymus verfasstes ähnliches Taktikbuch, obwohl es ausführlich byzantinische Militäroperationen an der nördlichen Reichsgrenze und insbesondere in den „bulgarischen Bergen“ besprach, schon gar keine Sklaboi mehr; es sprach vielmehr nur mehr von Bulgaren, Ungarn, den Rus’ und Pečenegen.[33]

Neben den zu diesem Zeitpunkt längst slavisierten vormals reiternomadischen Bulgaren, deren Herrschaftsbildung seit dem frühen 9. Jahrhundert eine feste Größe darstellte[34], nahmen byzantinische Quellen im 10. Jahrhundert anstelle der Sklabenoi/Sklaboi zunehmend andere, zum Teil weit jenseits der

29 Die Belege bei *Weiss* (Bearb.), Das Ethnikon Sklabenoi (wie Anm. 11), 116 – 124.

30 Die Belege bei *Weiss* (Bearb.), Das Ethnikon Sklabenoi (wie Anm. 11), 124 – 143; hier werden für das 9. Jahrhundert insgesamt 29 mit Sklabenoi/Sklaboi verbundene Ereignisse belegt; von diesen stammen jedoch 16 aus erst seit dem 10. Jahrhundert entstandenen Quellen.

31 Bis einschließlich des Jahres 1025 verzeichnet *Weiss* (Bearb.), Das Ethnikon Sklabenoi (wie Anm. 11), 144 – 163, in 15 Quellen nur noch 26 mit den Sklabenoi/Sklaboi in Verbindung gebrachte Ereignisse.

32 *George Dennis*, The Taktika of Leo VI. Text, Translation, and Commentary. (Corpus Fontium Historiae Byzantinae, Bd. 49.) Washington D.C. 2010, 465, 470 – 475.

33 Anonymon Biblion Taktikon / Anonymous Book on Tactics, in: *Dennis*, Three Byzantine Military Treatises (wie Anm. 9), 246 – 335.

34 *Daniel Ziemann*, Vom Wandervolk zur Großmacht. Die Entstehung Bulgariens im frühen Mittelalter (7.–9. Jahrhundert). (Kölner Historische Abhandlungen, Bd. 43.) Köln u. a. 2007, bes. 2, 417 – 420.

Reichsgrenzen lebende slavischsprachige Gruppen wahr. Das gilt vor allem für die zwischen 948 und 952 verfasste Lehrschrift *De administrando imperio.* Mit ihr wollte Kaiser Konstantin Porphyrogennetos (gest. 959) seinem Sohn Romanos II. nicht zuletzt Informationen über die Nachbarvölker des Byzantinischen Reiches an die Hand geben, damit dieser „die Besonderheiten jedes dieser Völker kennenlern[.]t und weiß[.], wie man sie behandelt und zähmt oder aber wie man sie bekriegt und ihnen begegnet."[35] In diesem Sinne beschrieb die kaiserliche Lehrschrift für das östliche Europa mehr oder weniger eingehend die Verhältnisse bei den durchgängig als „Türken" (*Τοῦρκοι*) bezeichneten Ungarn, den Rus' (Ρωσ/*οι*), den Chazaren (*Χάζαροι*) und den Pečenegen (*Πατζινακιται*) und gab für deren Herrschaftsgebiete jeweils auch eine entsprechende Territorialbezeichnung – Turkia (*Τουρκία*), Russia (*Ρωσία*), Chazaria (*Χαζαρία*), Pečenegia (*Πατζινακια*) – an. Von den slavischsprachigen Völkern des östlichen Europa wurden die Bulgaren (*Βουλγαροι/Βουλγαρία*), die bereits im 9. Jahrhundert von Byzanz aus missionierten Mährer (nicht mit ihrem Ethnonym, sondern nur mit dem Namen ihrer inzwischen untergegangenen Herrschaftsbildung „Altmähren" / *μεγάλη Μοραβία*)[36], die Kroaten (*Χρωβατοι/Χρωβατία*) und die Serben (*Σερβλοι/Σερβλία*) als eigenständige Größen vorgestellt. Dabei wurde keines dieser Völker aktuell als ein ‚slavisches' bezeichnet. Von Sklaboi sprach Konstantin Porphyrogennetos vielmehr nur noch in zwei bezeichnenden Zusammenhängen. Zum einen im historischen, teils legendhaften, teils an alte Topoi[37] anknüpfenden Rückblick auf die früheren slavisch-byzantinischen Auseinandersetzungen in Dalmatien und Hellas, in deren Folge sich die seinerzeit noch ungetauften, feindlichen und wider-

---

35 *Gyula Moravcsik / Romilly J. H. Jenkins* (Hrsg.), Constantine Porphyrogenitus De adminstrando imperio. Greek Text, English Translation. (Corpus Fontium Historiae Byzantinae, Bd. 1.) Washington D.C. 1967, 46; deutsch zitiert nach *Klaus Belke / Peter Soustal* (Hrsg.), Die Byzantiner und ihre Nachbarn. Die *De adminstrando imperio* genannte Lehrschrift des Kaisers Konstantinos Porphyrogennetos für seinen Sohn Romanos. (Byzantische Geschichtsschreiber, Bd. 19.) Wien 1995, 68.

36 Zur Diskussion über den Namen und die geographische Lage dieser Herrschaftsbildung vgl. *Eduard Mühle*, Altmähren oder Moravia? Neue Beiträge zur geographischen Lage einer frühmittelalterlichen Herrschaftsbildung im östlichen Europa, in: Zeitschrift für Ostmitteleuropa-Forschung 46 (1997), 205–223; zur mährischen Herrschaftsbildung zuletzt *Martin Wihoda*, Großmähren und seine Stellung in der Geschichte, in: Przemysław Sikora (Hrsg.), Zentralisierungsprozesse und Herrschaftsbildung im frühmittelalterlichen Ostmitteleuropa. (Studien zur Archäologie Europas, Bd. 23.) Bonn 2014, 61–91.

37 Wenn Konstantin Porphyrogennetos erzählt, dass die Römer Kaiser Diokletians (284–305) in Dalmatien „unbewaffnete slavische Völker" antrafen, dann klingt hier ganz offensichtlich der seit Prokop und Theophylaktos bekannte Topos der friedliebenden Slaven durch; *Moravcsik / Jenkins* (Hrsg.), Constantine Porphyrogenitus (wie Anm. 35), 122; *Belke / Soustal* (Hrsg.), Die Byzantiner (wie Anm. 35), 144.

borstigen Sklabenoi bzw. Sklaviniai – die Zachumloi (*Ζαχλουμοι*), Terbuniotai (*Τερβουνίωται*), Kanalitai (*Καναλιται*), Diokletianoi (*Διοκληтανοι*), Arentanoi/Paganoi (Αρεν*τανοι/Παγανοι*), Melingoi (*Μηλιγγοι*), Ezeritai (*Εζερίται*) und „übrigen Sklaboi/Sklabeniai“[38] – der byzantinischen Vorherrschaft erwehrten und die Kroaten und Serben schließlich zu ihren aktuellen Herrschaftsgebilden gelangten. Zum anderen erwähnte Konstantin Sklaboi bei der Beschreibung jenes Ausbeutungssystems, das die von ihm noch eindeutig als Skandinavier charakterisierten Rus' seit dem 9. Jahrhundert über die ihnen tributpflichtigen slavischsprachigen Verbände im Einzugsbereich der Volchov-Dnepr-Achse, des sogenannten „Weges von den Varägern zu den Griechen“ (путь изъ Варягъ въ Греки) etabliert hatten.[39] Auch diese Sklaboi waren noch ungetaufte, noch nicht großräumlich politisch organisierte Gruppen, die dem fernen byzantinischen Beobachter allenfalls als gentilgesellschaftliche Siedelverbände – Kribitainoi/Kribitzoi (*Κριβηταιηνοι*), Lenzaninoi (Λεν*ζανηνοι*), Berbianoi (*Βερβιανοι*), Drugubitai (*Δρουγουβίται*), Seberioi (*Σεβεριοι*), Ultinoi (*Ουλτινοι*), Derbleninoi (*Δερβλενίνοι*) und „übrige Sklaboi/Sklabeniai“ (*Σκλαβοι/Σκλαβηνίαι*)[40] – erkennbar waren. Als solche konnten sie gut mit den Sklabenoi/Sklaboi der byzantinischen Vergangenheit verglichen bzw. mit diesen auf eine Stufe gestellt werden.

Dass mit dem Sklabenoi/Sklaboi-Konzept in erster Linie, wenn nicht ausschließlich slavischsprachige Bevölkerungsgruppen außerhalb und innerhalb des oströmischen Reiches erfasst wurden, deren soziale und politische Verfassung erst ein geringes Niveau erreicht hatte und die daher aus byzantinisch-christlicher Sicht primär als barbarische Feinde wahrgenommen wurden, belegt auch das weitgehende Fehlen dieses Konzepts in den jüngeren Quellen. Da wo in ihnen der Sklabenoi-Begriff begegnet, wie z. B. in der Ende des 11. Jahrhunderts entstandenen Kaisergeschichte (Σύνοψις ἱστοριων) des Johannes Skylitzes (gest. nach 1105), geschieht dies vollkommen vereinzelt und nur in einem aus älteren Quellen informierten Blick auf ältere Verhältnisse.[41] Die jeweils zeitgenössischen slavi-

38 *Moravcsik / Jenkins* (Hrsg.), Constantine Porphyrogenitus (wie Anm. 35), 124, 128, 232; *Belke / Soustal* (Hrsg.), Die Byzantiner (wie Anm. 35), 145 – 146, 148 – 149, 240.

39 *Dmitrij S. Lichačev* (Hrsg.), Povest' vremennych let. Čast' pervaja: Tekst i perevod. Moskva 1950, 11.

40 *Moravcsik / Jenkins* (Hrsg.), Constantine Porphyrogenitus (wie Anm. 35), 55, 62, 168; *Belke / Soustal* (Hrsg.), Die Byzantiner (wie Anm. 35), 79, 86, 186.

41 *Hans Thurn* (Hrsg.), Ioannis Scylitzae Synopsis Historiarum. (Corpus Fontium Historiae Byzantinae, Bd. 5.) Berlin 1973, 146 – 147, 156; Byzanz wieder ein Weltreich. Das Zeitalter der Makedonischen Dynastie. Teil 1: Ende des Bilderstreites und Makedonische Renaissance (Anfang 9. bis Mitte 10. Jahrhundert). Nach dem Geschichtswerk des Johannes Skylitzes übersetzt, eingeleitet und erklärt von *Hans Thurn*. (Byzantinische Geschichtsschreiber, Bd. 15.) Graz / Wien / Köln 1983, 182 – 183, 193; John Skylitzes. A Synopsis of Byzantine History, 811 – 1057. Intro-

schen Herrschaftsbildungen und ihre Bewohner werden dagegen nur noch mit ihren individuellen Volks- und Landesnamen benannt.[42]

duction, Text and Notes. Translated by *John Wortley*. Cambridge 2010, 142 f., 151; *Vasiliki Tsamakda*, The Illustrated Chronicle of Ioannes Skylitzes in Madrid. Leiden 2002.

42 So finden sich keine Sklabenoi mehr, dafür aber Bulgaren, Serben, Rus' in dem in der zweiten Hälfte des 11. Jahrhunderts verfassten Strategikon (Στρατηγικόν) des Kekaumenos, in der um 1145 verfassten Chronik (*Επιτομη ιστοριων*) des Johannes Zonaras (gest. nach 1145) und in dem im frühen 13. Jahrhundert entstandenen Geschichtswerk (Χρονικη διηγησισ) des Niketas Choniates (gest. 1217); *Basil Wassilewsky / Victor Carl Jernstedt* (Hrsg.), Cecaumeni Strategicon et incerti scriptoris de officiis regiis libellus. (Zapiski istoriko-filologičeskago fakul'teta Imp. S. Peterburgskago Universitata, Bd. 38.) St. Petersbourg 1896, ND Amsterdam 1965; Vademecum des byzantinischen Aristokraten. Das sogenannte Strategicon des Kekaumenos. Übersetzt, eingeleitet und erklärt von *Hans-Georg Beck*. (Byzantinische Geschichtsschreiber, Bd. 5.) Graz / Wien / Köln 1956; *Theodor Büttner-Wobst* (Hrsg.), Ioannis Zonarae epitome historiarum libri XIII-XVIII. Bonn 1897; Militärs und Höflinge im Ringen um das Kaisertum. Byzantinische Geschichte von 969–1118 nach der Chronik des Johannes Zonaras. Übersetzt, eingeleitet und erklärt von *Erich Trapp*. (Byzantinische Geschichtsschreiber, Bd. 16.) Graz / Wien / Köln 1986; *Jan-Louis van Dieten* (Hrsg.), Nicetae Choniatae Historia. (Corpus Fontium Historiae Byzantinae, Bd. 11.) Berlin 1975; Die Krone der Komnenen. Die Regierungszeit der Kaiser Joannes und Manuel Komnenos (1118–1180) aus dem Geschichtswerk des Niketas Choniates. Übersetzt, eingeleitet und erklärt von *Franz Grabler*. (Byzantinische Geschichtsschreiber, Bd. 7.) Graz / Wien / Köln 1958; Abenteurer auf dem Kaiserthron. Die Regierungszeit der Kaiser Alexios II, Andronikos und Isaak Angelos (1180–1195) aus dem Geschichtswerk des Niketas Choniates. Übersetzt, eingeleitet und erklärt von *Franz Grabler*. (Byzantinische Geschichtsschreiber, Bd. 8.) Graz / Wien / Köln 1958; Die Kreuzfahrer erobern Konstantinopel. Die Regierungszeit der Kaiser Alexios Angelos, Isaak Angelos und Alexios Dukas, die Schicksale der Stadt nach der Einnahme sowie das „Buch von den Bildsäulen" (1195–1206) aus dem Geschichtswerk des Niketas Choniates. Übersetzt, eingeleitet und erklärt von *Franz Grabler*. (Byzantinische Geschichtsschreiber, Bd. 9.) Graz / Wien / Köln ^{2}1971; zur mittelbyzantinischen Geschichtsschreibung *Warren Treadgold*, The Middle Byzantine Historians, Basingstoke / New York 2013.

III

Infolge der seit dem 7. Jahrhundert einsetzenden byzantinisch-arabischen Auseinandersetzungen war die griechische Bezeichnung Sklabenoi/Sklaboi spätestens im 8. Jahrhundert in das Arabische entlehnt. Dieser Entlehnung lagen ganz offenbar die bereits angesprochenen direkten Berührungen slavischsprachiger Bevölkerungsgruppen mit dem Abbasiden-Kalifat zugrunde. Dennoch fungierte das arabische Ṣaqāliba (صقالبة) in der ethnographisch-geographischen Literatur des Islam keineswegs ausschließlich zur Bezeichnung eben dieser slavischsprachigen Fremdgruppe am Ostrand des Byzantinischen Reiches.[43] Vielmehr extrapolierten die Araber das byzantinische Sklabenoi/Sklaboi über die ihnen dort in Enklaven oder bei militärischen Zusammenstößen unmittelbar begegnenden Slaven hinaus und bezogen Ṣaqāliba allgemein auf Bevölkerungsgruppen, die sie jenseits der chazarischen und byzantinischen Welt wahrnahmen.[44] Dabei waren die ersten, im 9. Jahrhundert einsetzenden arabischen Berichte über das nördliche und östliche Europa noch stark von der griechisch-ptolemäischen Geographie beeinflusst.[45] So

---

43 Zu den Deutungen des Begriffs allgemein *Wilhelm Barthold*, Slawen, in: Martin Theodor Houtsma (Hrsg.), Enzyklopädie des Islam. Geographisches, ethnographisches und biographisches Wörterbuch der muhammedanischen Völker, Bd. 4. Leiden / Leipzig 1934, 505–506; *A. Zeki Validi Togan*, Ibn Faḍlān's Reisebericht. Leipzig 1939, ND Nendeln 1966, 295–331; *Peter Benjamin Golden*, al-Ṣaḳāliba, in: Clifford Edmund Bosworth u.a. (Hrsg.),The Encyclopaedia of Islam. New Edition, Bd. 8. Leiden 1995, 872–878; *Ahmad Nazmi*, Commercial Relations between Arabs and Slavs (8th–11th centuries). Warszawa 1998, 74–80.

44 Innerhalb des Kalifats begegnet der Begriff als Bezeichnung für weiße, europäische Angehörige arabischer Militäreinheiten, Amtsträger und insbesondere für Sklaven verstärkt seit dem 9./10. Jahrhundert; im Kontext des Sklavenhandels nahm der Begriff nicht zuletzt im islamischen Westen (al-Andalus) die Bedeutung ‚weißer Eunuche' bzw. ‚Sklave' an; allein in Córdoba sollen gegen Ende der Herrschaft ʿAbd al-Raḥmāns III. (961) fast 14.000 Ṣaqāliba gelebt haben; *Évariste Levi-Provençal*, Ṣaḳāliba, in: Houtsma u. a. (Hrsg.), Enzyklopädie des Islam, Bd. 4 (wie Anm. 43), 82–83; *Köpstein*, Zum Bedeutungswandel (wie Anm. 13), 79 f.; *Clifford Edmund Bosworth*, al-Ṣaḳāliba. 2. In the central lands of the caliphate, in: Clifford Edmund Bosworth u. a. (Hrsg.), The Encyclopaedia of Islam (wie Anm. 43), 878 f.; *Piere Guichard / Mohamed Meouak*, al-Ṣaḳāliba. 3. In the Muslim West, in: ebd. 879–881; *Mohamed Meouak*, Ṣaqāliba, eunuques et esclaves à la conquête du pouvoir. Géographie et histoire des élites politiques ‚marginales' dans l'Esapgne umayyade. (Suomalaisen Tiedeakatemian Toimituska Humaniora, Bd. 331.) Helsinki 2004; *Roger Collins*, Caliphs and Kings. Spain, 796–1031. (A History of Spain.) Chichester 2012, 182–185.

45 Übersichten über die einschlägigen arabischen Texte bei *Tadeusz Lewicki*, Świat słowiański w oczach pisarzy arabskich, in: Slavia Antiqua (1949/59), 321–388; *Ders.*, Źrodła arabskie i hebrajskie do dziejów Słowian w okresie wczesnego średniowiecza, in: Studia Źrodłoznawcze 3 (1958), 61–100, hier 61–87; *Ders.*, Znajomość krajów i ludów Europy u pisarzy arabskich IX i X w., in: Slavia Antiqua 8 (1961), 61–124; *Bernard Lewis*, Die Welt der Ungläubigen. Wie der Islam

identifizierte der choresmische Universalgelehrte Muḥammad ibn Mūsā al-Hwārizmī in seinem um 830 in Bagdad vollendeten „Buch über das Bild der Erde" (*Kitāb Ṣūrat al-arḍ*) die Gebiete der Ṣaqāliba (*arḍin aṣ-Ṣaqāliba*) ganz in antiker Tradition mit der *Ġārmanijā*.[46] Auch eine der vier, dem Werk – wenn auch erst im ausgehenden 10., frühen 11. Jahrhundert – eingefügten Regionalkarten, die einen Teil des östlichen Europa, das Asow'sche Meer, darstellte, folgte noch ganz der griechischen Toponymie.[47] Der um 865 in Basra gestorbene Literat ʿAmr Ibn-Baḥr al-Ǧāḥiẓ bezeichnete mit *Ṣaqāliba* alle nicht-byzantinischen und nicht-romanischen Europäer, verstand den Begriff aber – in Gegenüberstellung zu schwarzen Ostafrikanern – auch als Bezeichnung für „die europäischen Weißen."[48] Der persische, u. a. im staatlichen Postwesen tätige Geograph ʿUbayd Allāh ibn ʿAbdallāh Ibn Ḫurradaḏbih (gest. 911) unterteilte Europa (*Arūfā*) in seinem „Buch der Wege und Provinzen" (*Kitāb al-Masālik wa-al-mamālik*) zur gleichen Zeit in *al-Andalus*, *Rūmīja* (Rom/Italien), *Firanǧa* (Frankenreich), *ar-Rūm* (Byzanz) sowie das Gebiet der Ṣaqāliba (*arḍ aṣ-Ṣaqāliba*) und Avaren (*arḍ al-Abar*).[49] Zudem unterschied er Ṣaqāliba-

Europa entdeckte. Frankfurt/M. 1987, 137 – 152; *Ludvik Kalus*, Sources arabes et persanes pour l'étude de l'historie médiévale du monde slave occidental, in: Peter Chavrát / Jiří Prosecký (Hrsg.), Ibrahim ibn Ya'qub at-Tartushi: Christianity, Islam and Judaism meet in East-Central Europe. Praha 1996, 126 – 139; *Nazmi*, Commercial Relations (wie Anm. 43), 14 – 46. Zu den Schwierigkeiten, die sich arabisch-islamischen Gelehrten bei der einschlägigen Informationsbeschaffung und -verarbeitung stellten, vgl. *Daniel G. König*, Ausstrahlung – transkulturelle Datenmigration – Dokumentation. Arabisch-islamische Gelehrte und die Herausforderungen der Dokumentation Lateineuropas am Beispiel des Papsttums und des ostfränkisch-deutschen Reiches (7.–15. Jahrhundert), in: Michael Borgolte / Matthias M. Tischler (Hrsg.), Transkulturelle Verflechtungen im mittelalterlichen Jahrtausend. Europa, Ostasien, Afrika. Darmstadt 2012, 207 – 240.

46 *Hans von Mžik* (Hrsg.), Das Kitāb ṣūrat al-arḍ des Abū Ǧaʿfar Muḥammad ibn Mūsā al-Ḫuwārizmī. Arabischer Text. (Bibliothek Arabischer Historiker und Geographen, Bd. 3.) Leipzig 1926; *Tadeusz Lewicki* (Hrsg.), Źrodła arabskie do dziejów Słowiańszczyzny, Bd. 1. Wrocław/Kraków 1956, 13 – 39; der arabische Text mit polnischer Übersetzung: 22 – 23.

47 *Konrad Miller* (Hrsg.), Mappae Arabicae. Arabische Welt- und Länderkarten des 9.–13. Jahrhunderts in arabischer Urschrift, lateinischer Transkription und Übertragung in neuzeitliche Kartenskizzen, Erster Band / Erstes Heft. Stuttgart 1926, 12 – 13, mit Abb. 5; *Gerald R. Tibbetts*, The Beginnings of a Cartographic Traditon, in: John B. Harley / David Woodward (Hrsg.), The History of Cartography, Bd. 2,1: Cartography in the Traditional Islamic and South Asian Societies. Chicago / London 1992, 90 – 107, bes. 106 und plate 4.

48 *Lewicki* (Hrsg.), Źrodła arabskie (wie Anm. 46), 161 – 174, der arabische Text der relevanten Stellen mit polnischer Übersetzung: 166 – 171.

49 Ähnlich auch der persische Geograph und Historiker Aḥmad Ibn-Muḥammad Ibn-al-Faqīh al Hamadḏānī (gest. 941/951), der um 902/903 in seinem „Buch der Länder" (Kitāb al-Buldān) Europa in *al-Andalus*, *aṣ-Ṣaqāliba*, *ar-Rūm* und *Firanǧa* unterteilte, zusätzlich aber auch Ṭanǧa, d. h. das antike Tingis (Tanger), also Nordafrika, zu *Arūfā* zählte; bei den Ṣaqāliba unterschied er dabei zwei Arten – solche mit dunklem Teint und dunklen Haaren, die nahe dem Meer lebten, und

Sklaven von griechischen, fränkischen, lombardischen und andalusischen Sklaven und hatte auch ein klares Bewusstsein davon, dass sich die Sprache der Ṣaqāliba (*aṣ-Ṣaqlabiyya*) von der griechischen, fränkischen und andalusischen Sprache unterschied. Damit differenzierte er freilich noch immer nicht zwischen Slaven und Ostfranken, sah die Slavia und die Germania vielmehr unter dem Begriff *Ṣaqāliba* (über die ein König herrsche, der immerhin mit dem einschlägigen slavischen Herrscherterminus – *q.nāḍ* u. ä. für slavisch *kniaz* – bezeichnet wurde) weiterhin als eine Einheit. Gleichzeitig kannte er aber auch ein kleineres „Land der Ṣaqāliba" (*bilad aṣ-Ṣaqāliba*), das sich westlich an die byzantinische Provinz Makedonien anschloss, mithin tatsächlich ausschließlich ein slavischsprachiges Gebiet bezeichnete.[50] Hier kam ganz offenbar das byzantinische Sklabenoi-Konzept zum Tragen.[51] An dieses schloss augenscheinlich auch der um 900 in Ägypten gestorbene Historiker und Geograph Abū al-Abbās Aḥmad al-Ya'qūbī an, der die Wohnsitze der Ṣaqāliba zusammen mit jenen der Bulgaren in Byzanz (*ar-Rūm*) bzw. unmittelbar jenseits der byzantinischen Balkangrenzen lokalisierte.[52] Dagegen benutzte der am Hof des Kalifen von Bagdad lebende Aḥmad Ibn Faḍlān den Begriff *Ṣaqāliba* in seinem 923 verfassten Bericht über eine im Auftrag des Kalifen unter-

solche mit hellem Teint, die tief im Landesinneren lebten; *Michael Jan de Goeje* (Hrsg.), Compendium libri Kitāb al-Boldān auctore Ibn-al-Faqīh al Hamadhānī. (Bibliotheca Geographorum Arabicorum.) Leiden 1885, ND Beirut 1970; zitiert nach *Tadeusz Lewicki* (Hrsg.), Źrodła arabskie do dziejów Słowiańszczyzny, Bd. 2,1. Wrocław 1969, 19–23.

50 *Michael Jan de Goeje* (Hrsg.), Kitāb al-Masālik wa-al-mamālik (Liber viarum et regionorum). (Bibliotheca Geographorum Arabicorum, Bd. 6.) Leiden 1889, ND 1967; *Lewicki* (Hrsg.), Źrodła arabskie 1 (wie Anm. 46), 43–157, der arabische Text der relevanten Stellen mit polnischer Übersetzung: 66–81. Ein ähnliches Nebeneinander von einem weiter gefassten Ṣaqāliba-Begriff, der die Bevölkerung zwischen Mittelmeer / Schwarzem Meer und dem „westlichen Meer" meinte, und einem engeren Verständnis, das sich auf die slavischsprachige Bevölkerung des südlichen Balkanraums bezog, begegnet auch im „Buch der wertvollen Aufzeichnungen" (Kitāb al-A'lāq an-nafīsa) des Isfanhaner Geographen Aḥmad ibn Umar ibn Rusta; *Michael Jan de Goje* (Hrsg.), Kitāb al-A'lāq an-nafīsa VII auctore Abū Alī Ahmed ibn Omar ibn Rosteh. (Bibliotheca Geographorum Arabicorum.) Leiden ²1967, zitiert nach *Tadeusz Lewicki* (Hrsg.), Źrodła arabskie do dziejów Słowiańszczyzny, Bd. 2,2. Wrocław u. a. 1977, 25–39.

51 In diesem Sinne, der ganz der byzantinischen Wahrnehmung der Slaven im unmittelbaren Umfeld von Byzanz (Makedonien, Bulgarien, Donaugebiet) entsprach, begegnet der Begriff *aṣ-Ṣaqāliba* auch bei dem arabischen Astronomen Aḥmad ibn Muḥammad ibn Kaṭīr al-Farġānī, einem Zeitgenossen Ibn Ḫurradaḏbihs; *Lewicki* (Hrsg.), Źrodła arabskie 1 (wie Anm. 46), 193.

52 *Lewicki* (Hrsg.), Źrodła arabskie 1 (wie Anm. 46), 243–288, der arabische Text der relevanten Stellen mit polnischer Übersetzung: 248–263, hier 253, 257.

nommene Reise zu den Wolgabulgaren zur Bezeichnung der dortigen turksprachigen und finnougrischen Völker.[53]

Erst im weiteren Verlauf des 10. Jahrhunderts begannen arabische Geographen und Reisende die Bevölkerung des mittleren und östlichen Europa genauer zu unterscheiden. Der im ägyptischen al-Fuṣṭāṭ schreibende Gelehrte Abū al-Ḥasan al-Mas'ūdī (gest. 956) siedelte in seinem 943–947 verfassten ethnographischen Werk „Goldwiesen und Edelsteinminen" (*Murūĝ ad-dahab wa-ma'ādin al-ĝawāhīr*) die Wohnsitze der Ṣaqāliba „im Norden" an.[54] Dort erstreckten sie sich „bis zum Westen" und waren in verschiedene „Nationen" beziehungsweise „Zweige" geteilt, „die sich gegenseitig bekriegen." Sie besaßen, so al-Mas'ūdī weiter, Könige und seien teils christlich, teils heidnisch. Neben nicht näher bezeichneten Ṣaqāliba „im Land der Chazaren", die dort neben den Rus' lebten, benannte al-Mas'ūdī zwölf weitere Ṣaqāliba-Verbände konkret mit Namen.[55] Zehn dieser Namen verweisen mit einiger Wahrscheinlichkeit auf west- und südslavische Gruppen. Dass daneben auch die *Nāmčīn* mit ihrem König *Ġarānd*, also wohl die Deutschen und Konrad I., sowie das Reich der Turk, d. h. die Ungarn, zu den Ṣaqāliba gezählt, ja erstere ausdrücklich als „die tapferste und reisigste [Nation] der Ṣaqāliba" und letztere als „die schönste an Gestalt, die zahlreichste und tapferste der Ṣaqāliba" hervorgehoben wurden, zeigt, dass auch al-Mas'ūdīs Ṣaqāliba nicht ausschließlich Slaven meinte.[56]

---

53 *Togan*, Ibn Faḍlān's Reisebericht (wie Anm. 43), 1, 295, 307; *A. P. Kovalevskij*, Slavjane i ich sosedi v pervoj polovine X v., po dannym al' Masudi, in: Voprosy istoriografii i istočnikovedenija slavjano-germanskich otnošenij. Moskva 1973, 62–79, hier 63; *Anna Kmietowicz / Franciszek Kmietowicz / Tadeusz Lewicki* (Hrsg.), Ibn Faḍlān, Kitāb na podstawie Rękopisu meszhedzkiego. (Źródła arabskie do dziejów Słowiańszczyzny, Bd. 3.) Wrocław u. a. 1985, bes. 118 f.; *Arnhild Scholten*, Länderbeschreibung und Länderkunde im islamischen Kulturraum des 10. Jahrhunderts. (Bochumer geographische Arbeiten, Bd. 25.) Paderborn 1976, 22–31.

54 *Charles Pellat* (Hrsg.), Mas'ūdī (mort en 345/956) Les prairies d'or, Tome premier. (Société Asiatique. Collection d'Ouvrages Orientaux.) Paris 1962; *Josef Marquart*, Osteuropäische und ostasiatische Streifzüge. Ethnologische und historisch-topographische Studien zur Geschichte des 9. und 10. Jahrhunderts. Leipzig 1903, 95–160, arabischer Text und deutsche Übersetzung der Slavenpassage ebd. 96–103.

55 Aufgeführt werden: W.lītābā/W.līnānā (Veleti /Volynjane?), Iṣṭ.trāna (Stodoranen/Heveller?), Dūlābā (böhmische Duleben?), M.nābin/M.ghānin (Mainwenden?), S.rbīn (Sorben/Serben?), M.rāwa (Mährer), Kh.r.wātīn (Kroaten), Nāmjīn (nach dem Slavischen *niemcy* bezeichnete Deutsche), Ṣāṣīn (Sachsen, vielleicht aber auch Cacin = Tschechen/Böhmen), Kh.shānīn/Kh.shābīn (Kaschuben, vielleicht aber auch balkanslavische *Gadczane*), Brān.jābīn (balkanserbische Braniczewe) und al-Turk (Ungarn).

56 Vgl. auch *Kovalevskij*, Slavjane (wie Anm. 53), bes. 67 f.; russ. Übersetzung der Slavenpassage ebd. 70 f.; *König*, Ausstrahlung (wie Anm. 45), 214. In seinem 951–956 verfassten „Buch der Unterweisung und Belehrung" zählte al-Masudi die meisten Ṣaqāliba, die Bulgaren (*al-Burğar*)

Karte 2: Die Ṣaqāliba im Blick der arabischen Quellen

Interessanterweise kannte al-Mas'ūdī auch eine Art Frühlegende der Ṣaqāliba, die über die auch in der arabischen Literatur verbreitete Rückführung auf den biblischen Jafet hinausging und von einer ursprünglichen Einheit der Ṣaqāliba sprach. So berichtete er, dass bei einer der Ṣaqāliba-Nationen – den *W.lītābā* oder *W.līnānā* – „vor alters im Anfange der Zeit die Herrschaft stand. (...) Dieser Nation pflegten vor alters die übrigen Ṣaqāliba-Stämme zu folgen, weil unter ihnen die Herrschaft war und ihre übrigen Könige ihr gehorchten." Sie sei zudem „einer von den Ṣaqāliba-Stämmen reinsten Blutes, der unter ihren Nationen hoch geehrt war und sich auf alte Verdienste unter ihnen berufen konnte. Hierauf trat Uneinigkeit unter ihren Nationen ein, ihre Organisation hörte auf und ihre Nationen schlossen sich [einzeln] zusammen; jede Nation machte einen König über sich."[57]

Die gleiche Geschichte wurde auch in den – nur von späteren arabischen Geographen überlieferten – Reisebericht des jüdischen Kaufmanns Ibrahim ibn Ya'kūb eingefügt.[58] Dieser war in den 960er Jahren im Auftrag des Kalifen von

und andere Völker, die dem Christentum anhingen und die Oberherrschaft des Herrschers von Rom anerkannten, zu den „fränkischen Völkern". Zu al-Mas'ūdīs Slavenbeschreibung im Übrigen auch *Tadeusz Lewicki*, Państwo Wiślan-Chorwatów w opisie al-Mas'udiego, in: Sprawozdania z posiedzeń Polskiej Akademii Umiejętności 49 (1948), 1, 24 – 34; *Ders.*, Al-Mas'ūdī on the Slavs, in: S. Maqbul Ahmad / Sri A. Rahman (Hrsg.), Al-Mas'ūdī Millenary Commermoration Volume. Calcutta 1960, 11 – 13; *Ders.*, Słowianie nad Menem w relacji al-Mas'udiego, in: Onomastica. Pismo poświęcone nazewnictwu geograficznemu i osobowemu 7 (1961), 317 – 326; *A. P. Kovalevskij*, Al'-Masudi o slavjanskich jazyčeskich chramach, in: Voprosy istoriografii i istočnikovedenija slavjano-germanskich otnošenij. Moskva 1973, 80 – 86; *Ahmad M. H. Shboul*, Al-Mas'ūdī and his World. A Muslim Humanist and his Interest in non-Muslims. London 1979, 178 – 188; *Scholten*, Länderbeschreibung (wie Anm. 53), 57 – 65.

57 *Marquart*, Osteuropäische und ostasiatische Streifzüge (wie Anm. 54), 101 – 103; die Übersetzung Marquarts „Slawen" wurde von mir in „Ṣaqāliba" verändert.

58 „In früheren Zeiten waren sie [die Slavenländer] geeint durch einen König, den sie Macha nannten. Der war von einem Stamm der Welinbaba hieß, und dieser Stamm stand bei ihnen in Ansehen. Dann trat Zwiespalt unter ihnen ein, und ihre Organisation ging zugrunde; ihre Stämme bildeten Parteien, und in jedem ihrer Stämme kam ein König zur Regierung." Zitiert nach *Georg Jacob* (Hrsg.), Arabische Berichte von Gesandten an germanische Fürstenhöfe aus dem 9. und 10. Jahrhundert. (Quellen zur deutschen Volkskunde, Heft 1.) Berlin 1927, 11 – 18, hier 11. Die kritische Ausgabe bei *Tadeusz Kowalski* (Hrsg.), Relacja Ibrāhīma ibn Ja'ḳūba z podróży do krajów słowiańskich w przekazie Al-Bekrīego. (Monumenta Poloniae Historica. Nova Series, Bd. 1.) Kraków 1946, Text in polnischer Übersetzung: 48 – 54, Text in lateinischer Übersetzung: 145 – 151, Faksimile des arabischen Originals: Tab. I–XII; eine englische Übersetzung bei *Dmitrij Mishin*, Ibrahim ibn-Ya'qub at-Turtushi's Account of the Slavs from the Middle of the Tenth Century, in: Annual of Medieval Studies at the CEU. 1994 – 1995 (1996), 184 – 199, hier 184 – 191; vgl. auch *Bernhard Stasiewski*, Der Reisebericht des Ibrahim Ibn Jakub, in: Ders.: Untersuchungen über drei Quellen zur ältesten Geschichte und Kirchengeschichte Polens. Breslau 1933, 1 – 28; *Józef Widajewicz*, Studia nad relacją o Słowianach Ibrahima ibn Jakuba. Kraków 1946; *Peter Engels*, Der

Cordoba an den Hof Ottos I. nach Magdeburg gereist und von dort wahrscheinlich bis Prag gekommen. Auch wenn sich die Länder der Ṣaqāliba für Ibrahim allgemein vom Mittelmeer bis zum „Okeanos im Norden" erstreckten, bezogen sich seine vergleichsweise detaillierten Informationen doch bereits in erster Linie auf die slavischsprachige Bevölkerung der seinerzeit maßgeblichen west- bzw. südslavischen Herrschaftsbildungen, d. h. auf die Bulgaren, Böhmen, Polen, Elbslaven und Pomoranen. Für diese kannte er freilich noch keine Territorialbezeichnungen, sondern erfasste ihre großräumigen Zusammenschlüsse mit Ausnahme der von ihren Ältesten regierten, königlosen Pomoranen, nur als um einen Herrscher gruppierte Personenverbände.[59]

Mit der Präzisierung des Bildes vom östlichen Europa, wie sie seit Mitte des 10. Jahrhunderts zunächst bei al-Mas'ūdī, dann bei Ibrahim ibn Ya'kūb zu beobachten ist, begann sich das allgemein und weit gefasste Ṣaqāliba-Konzept der arabischen Quellen in ähnlicher Weise und aus gleichem Grund aufzulösen wie das Sklabenoi-Konzept der byzantinischen Quellen. Schon der andalusische Geograph und Historiker ʿUbaidallāh al-Bakrī (gest. 1094) hatte in seiner um 1067 vollendeten Geographie Nordafrikas und Europas (*Kitāb al-Masālik wa-al-mamālik*) kaum noch eine originäre Kenntnis von den Ṣaqāliba, bezog seine einschlägigen Nachrichten vielmehr nur noch aus älteren Werken und auch nicht mehr auf zeitgenössische Zustände.[60] Allerdings wurde die ältere Verwendung des Ṣaqāliba-Begriffs noch eine Weile in arabischen kartographischen Darstellungen perpetuiert.[61] So verzeichnete eine erst kürzlich in einem bis dahin unbekannten, aus dem 12., frühen 13. Jahrhundert stammenden Manuskript eines um 1020–1050 zusammengestellten „Buches der Neugier der Wissenschaften und Wunder für die

Reisebericht des Ibrahim ibn Ya'qu-b (961/966), in: Anton von Euw / Peter Schreiner (Hrsg.), Kaiserin Theophanu. Begegnung des Ostens und Westens um die Wende des ersten Jahrtausends, Bd. 1. Köln 1991, 413–422.

59 „Zur Zeit haben sie vier Könige, den König der Bulgaren; Buislaw, den König von Prag, Böhmen und Krakau; Mescheqqo, den König des Nordens; und Naqun im äußersten Westen", dessen Land „im Westen an Sachsen und einen Teil der Merman (Normannen = Dänen)" grenze. In den „sumpfigen Gegenden vom Lande des Mescheqqo nach Nordwesten" „lebt ein slawischer Stamm, der das Volk der Ubaba genannt wird. (...) sie bekriegen den Mescheqqo und (...) haben keinen König und lassen sich von keinem Einzelnen regieren, sondern die Machthaber unter ihnen sind ihre Ältesten." Zitiert nach *Jacob* (Hrsg.), Arabische Berichte (wie Anm. 58), 11, 14.

60 *Lewicki*, Źrodła arabskie i hebrajskie (wie Anm. 45), 78.

61 Einen interessanten Vergleich christlicher und muslimischer Weltrepräsentationen im Kartenbild des Mittelalters bietet *Michael Borgolte*, Christliche und muslimische Repräsentationen der Welt. Ein Versuch in transdisziplinärer Mediävistik, in: Ders., Mittelalter in der größeren Welt. Essays zur Geschichtsschreibung und Beiträge zur Forschung. (Europa im Mittelalter, Bd. 24.) Berlin 2014, 283–335.

Augen" (*Kitāb Ǧarā'ib al-funūn wa-mulaḥ al'uynūn*) entdeckte rechteckige Karte *as-Ṣaqāliba* (الصقالبة / „die Slaven") am westlichen Rand eines großen Raumes, in dem neben einer längeren, beschreibenden Legende weiter im Nordosten nur noch die Stadt Kiev verzeichnet wurde.[62] Auch die in einer auf das Jahr 1086 datierten Handschrift des „Buches über das Bild der Erde" (*Kitāb ṣūrat al-arḍ*) des viel gereisten Persers Abū al-Qāsim Muḥammad ibn Ḥawqal (gest. nach 977) überlieferte, vielleicht schon im 10. Jahrhundert entstandene Weltkarte füllte den Raum zwischen Kaspischem Meer, Mittelmeer und nördlichem Meer lediglich mit den Ṣaqāliba und den Rus'.[63] Ähnlich pauschal begegnen die Ṣaqāliba auch in einer zuerst von dem Universalgelehrten Abū Rayḥān Muḥammad ibn Aḥmad al-Bīrūnī (gest. nach 1048) verwendeten diagrammartigen Visualisierung. In ihr wurde die bewohnte Welt in sieben Regionen beziehungsweise – nach griechischem Vorbild – Klimata eingeteilt. Diese waren in Gestalt gleichgroßer Kreise um einen zentralen Kreis beziehungsweise eine zentrale Region – das vierte Klima beziehungsweise das Gebiet des heutigen Irak und Iran – angeordnet, und zwar „according to Kingdoms which differ[ed] from one another for various reasons – different features of their peoples and different codes of morality and customs." [64] Die Ṣaqāliba wurden dabei entweder zusammen mit Gog und Magog, den Chazaren, den Turkvölkern und den Rus' im sechsten Klima angesiedelt, während Byzanz, al-Andalus und die Westfranken im fünften Klima verortet waren; oder sie

62 *Yossef Rapoport / Emilie Savage-Smith* (Hrsg.), An Eleventh-Century Egyptian Guide to the Universe. The Book of Curiosities. Leiden / Boston 2014, 183 – 184, 421 f.; die Legende (ebd. 422) lautet: *Uninhabited up to the boundaries of Constantinople in this area. In this region there are many nations speaking a different language from that of their race. These nations live very close to each other, despite their differences and disputes. Some of them, nay most of them and the most illustrious among them, are in allegiance to the King of Byzantium. The religious creed of all of them is Christianity.* Eine vollständige, sehr komfortabel recherchierbare online-Version abrufbar unter http://www.bodley.ox.ac.uk/bookofcuriosities (abgerufen am 27. 1. 2016).

63 *Johannes Hendrik Kramers* (Hrsg.), Opus geographicum auctore Ibn Haukal. Secundum textum et imagines codices Constantinopolitani conservati in bibliotheca antiqui palatii N° 3346 cui titulus est 'Liber imagines terrae' [Kitāb ṣūrat al-arḍ]. (Bibliotheca Geographorum Arabicorum, Bd. 2.) Leiden ³1967, Umzeichnung der Karte zwischen 5 und 6; *Miller*, Mappae Arabicae 1,1 (wie Anm. 47), 14 – 21; *Gerald R. Tibbetts*, The Balkhī School of Geographers, in: John B. Harley / David Woodward (Hrsg.), The History of Cartography, Bd. 2,1: Cartography in the Traditional Islamic and South Asian Societies. Chicago / London 1992, 108 – 136, bes. 108, 114.

64 *Pavel G. Bulgakov / Ibrahim Ahmad* (Hrsg.), Al-Bīrūnī, Kitāb taḥdīd nihāyāt al-amākin li-taṣḥīḥ masāfat al-masākin. Cairo 1964, 135; englische Übersetzung aus *Jamil Ali* (Hrsg.), The Determination of the Coordinates of Positions for the Correction of Distances between Cities. Beirut 1967, 102, zitiert nach *Ahmet T. Karamustafa*, Cosmographical Diagrams, in: John B. Harley / David Woodward (Hrsg.), The History of Cartography, Bd. 2,1: Cartography in the Traditional Islamic and South Asian Societies. Chicago / London 1992, 71 – 89, hier 80.

fanden sich im fünften Klima zusammen mit Byzanz (Asia Minor), während Gog und Magog mit den Turkvölkern im sechsten Klima saßen.[65] In beiden Fällen bezeichnete Ṣaqāliba auch hier deutlich mehr als nur eine slavischsprachige Bevölkerung.

In der Mitte des 12. Jahrhunderts besaß der am sizilianischen Hof Rogers II. arbeitende marrokanische Geograph Muḥammad al-Idrīsī (gest. 1165) schließlich eine so eingehende Kenntnis vom östlichen Mitteleuropa, dass er in seinem „Buch der Erholung für den, der sehnsüchtig den Horizont überschreitet" (*Kitāb nuzhat al-muštāq fī-'ḫtirāq al-āfāq*) weder pauschal von einem „Land" oder „Ländern" der Ṣaqāliba sprach, noch mit allgemeinen Charakterisierungen – wie noch Ibrahim ibn Ya'kūb – deren Lebensverhältnisse und Sitten zu erfassen versuchte.[66] Auch die andernorts unterstelle einstmalige Einheit der Ṣaqāliba interessierte al-Idrīsī nicht mehr. Vielmehr führte er in seiner, in erster Linie praktisch-militärischen Interessen des Normannenherrschers dienenden Geographie nun einzelne Länder – Sachsen bzw. das Reich, Polen, Böhmen, Ungarn, Kroatien, Serbien, Bulgarien,

---

65 *Tibbetts*, The Beginnings (wie Anm. 47), 94; *Karamustafa*, Cosmographical Diagrams (wie Anm. 64), 80.

66 *Henri Bresc / Annliese Nef* (Hrsg.), Idrīsī, La première géographie de l'Occident. Paris 1999; *Tadeusz Lewicki* (Hrsg.), Polska i kraje sąsiednie w świetle ‚Księgi Rogera' geografa arabskiego z XII w. al-Idrīsī'ego. Część I (uwagi ogólne, tekst arabski, tłumaczenie). Kraków 1945, polnische Übersetzung der Beschreibung der Sektion 3 und Teile der Sektion 4 des 6. Klima: 125–144; arabischer Text: 145–176. Der ebenfalls bereits 1938 fertiggestellte Kommentarband ging im Zweiten Weltkrieg zunächst verloren und konnte erst 1954 erscheinen: *Tadeusz Lewicki* (Hrsg.), Polska i kraje sąsiednie w świetle ‚Księgi Rogera' geografa arabskiego z XII w. al-Idrīsī'ego. Część II. Warszawa 1954. Dem Werk war ein Satz von 70 Regionalkarten beigefügt, die den Höhepunkt der mittelalterlichen islamischen Kartographie darstellten; die dazugehörige Weltkarte war allerdings wohl schon vor al-Idrīsī entstanden und seinem Werk zusätzlich eingefügt worden; *S. Maqbul Ahmad*, Cartography of al Sharīf al-Idrīsī, in: John B. Harley / David Woodward (Hrsg.), The History of Cartography, Bd. 2,1: Cartography in the Traditional Islamic and South Asian Societies. Chicago / London 1992, 156–174; *Konrad Miller*, Mappae Arabicae. Auszugsweise herausgegeben und mit einem korrigierenden Index versehen von Heinz Gaube. (Beihefte zum Tübinger Atlas des Vorderen Orients. Reihe B, Nr. 65.) Wiesbaden 1965, 21–49; vgl. auch die zusammenfassende Wertung bei *Anna-Dorothee von den Brincken*, Mappa mundi und Chronographia. Studien zur *imago mundi* des abendländischen Mittelalters, in: Deutsches Archiv 24 (1968), 118–186, hier 121: „(...) die arabische Welt erlebte im 8. und 9. Jahrhundert eine Ptolomaeus-Renaissance, erarbeitete sich im 10. Jahrhundert ein selbständiges geographisches Weltbild, das aus der Notwendigkeit geboren wurde, Hilfsmittel für den Reise- und Postverkehr, die allgemeine Verwaltung und die Steuereinschätzung zu besitzen, und führte in Zusammensetzung der Einzelkenntnisse zur arabischen Weltkarte. Idrīsī schuf im 12. Jahrhundert die Synthese, indem er (...) ein erstaunlich zutreffendes Abbild der Welt zustande brachte, frei von dem Ballast antiken Namenmaterials."

die Rus' – auf[67], wobei er jeweils deren wichtigste Charakteristika, bedeutendste Städte sowie die Entfernungen zwischen diesen nannte. Dass er dabei in der Nachbarschaft von Ungarn eine *(I)sḳl(a)u̯un(i̯)i̯a [Ṣqlabunīa]* aufführte[68], hatte bereits nichts mehr mit dem arabischen Ṣaqāliba-Konzept zu tun. Der Name bezeichnete lediglich das um die Mitte des 12. Jahrhunderts zwischen Venedig und Ungarn umstrittene dalmatinisch-kroatische Slavonien. Bis zur Mitte des 12. Jahrhunderts war das Ṣaqāliba-Konzept mithin im Sinne einer zeitgenössisch-originären Bezeichnung aus den arabischen Quellen verschwunden und begegnete nur noch als historisches Zitat aus älteren Werken.[69]

---

67 *Lewicki* (Hrsg.), Polska i kraje sąsiednie (wie Anm. 66), 125; *Bresc / Nef* (Hrsg.), Idrīsī (wie Anm. 66), 386, 405, 436, 442, 450.

68 *Lewicki* (Hrsg.), Polska i kraje sąsiednie (wie Anm. 66), 131 f.; *Bresc / Nef* (Hrsg.), Idrīsī (wie Anm. 66), 439.

69 *Lewicki*, Źrodła arabskie i hebrajskie (wie Anm. 45), 78; *Barthold*, Slawen (wie Anm. 43), 506: „auch in den Berichten über die europäischen Feldzüge der Mongolen bei Djuwaini und Rashid al-Din kommt das Wort ‚Slawen' nicht vor."

IV

Auch in den lateinischen Quellen des Westens traten die ersten *Sclavi(ni)* im thematischen Kontext des slavischen Vordringens auf dem Balkan hervor. Dabei gelangten die ältesten einschlägigen Nachrichten, Notizen in der um 590 verfassten Chronik des katholischen Westgoten Johannes von Biclaro (gest. um 620), offenbar auf direktem Weg aus Konstantinopel nach Spanien.[70] Etwa gleichzeitig erhielt Papst Gregor I. (gest. 604) aus dem Exarchat von Ravenna erste Nachrichten über slavische Einfälle in Dalmatien und Istrien.[71] Zwei Jahrzehnte später berichtete Isidor von Sevilla (gest. 636) zum Jahr 614, dass *Sclavi Greciam occupant.*[72] Die um 640 im norditalienischen Bobbio verfasste Vita Columbani wiederum kannte als potentielle Adressaten einer Missionsreise des irischen Wandermönches *Veneti qui et Sclavi dicuntur*, die sogleich an die *Venethi* und *Sclavini* des Jordanes erinnern.[73] Tatsächlich scheinen all diese Nachrichten nicht mehr als ein ferner Widerhall byzantinischer Historiographie gewesen zu sein.[74]

Die erste selbständige west- bzw. mitteleuropäische Wahrnehmung der Sclavi findet sich in der bis 660 abgeschlossenen austrasisch-merowingischen Chronik des so genannten Fredegar.[75] In ihr ist von Sclavi/Sclavini bzw. Winedi/Winidi/

---

70 *Theodor Mommsen* (Hrsg.), Johannis abbatis Biclarensis chronica, in: Chronica minora saec. IV-VII. (MGH, AA 11.) Berlin 1894, 207–220, hier 214: *Sclavini in Thracia multas urbes Romanorum pervadunt, quas deopoulatas vacuas reliquere*; 216: *Sclavinorum gens Illyricum et Thracias vastat.* Der in Lusitanien geborene spätere Bischof von Girona war in Konstantinopel ausgebildet worden und hatte von dort einschlägige Informationen und Texte mitgebracht.

71 Festgehalten in zwei Briefen an den Exarchen von Ravenna Callincus (gest. nach 603) vom Mai 599 und Juli 600; *Paul Ewald / Ludwig M. Hartmann* (Hrsg.), Gregorii I papae Registrum epistolarum. Tomus II: Libri VIII-XIV. (MGH Epistolae 1, 2.) Berlin 1899, 154, 249.

72 *Theodor Mommsen* (Hrsg.), Isidori Iunioris episcopi Hispalensis historia Gothorum Wandolorum Sueborum ad a. SCXXIV. (MGH AA, 11.) Berlin 1894, 243–390, hier 337; ähnlich in der 626 entstandenen zweiten Redaktion der Isidori Iunioris episcopi Hispalensis Chronica Maiora, in: ebd., 391–481, hier 479: *Cuius [Eraclii] initio Sclavi Graeciam Romanis tulerunt.*"

73 Vitae Columbani abbatis discipulorumque eius libri II, in: *Bruno Krusch* (Hrsg.), Ionae Vitae sanctorum Columbani, Vedastis, Iohannis. (MGH SS rer.Germ. in us. Schol., Bd. 37.) Hannover 1905, 1–294, hier 216. Zur Geschichte des seit Jordanes als Synonym für *Sclavi* auftretenden Venedi/Wenden-Namen vgl. *Roland Steinacher*, Wenden, Slawen, Vandalen. Eine frühmittelalterliche pseudologische Gleichsetzung und ihre Nachwirkung, in: Walter Pohl (Hrsg.), Die Suche nach den Ursprüngen. Von der Bedeutung des frühen Mittelalters. (Forschungen zur Geschichte des Mittelalters, Bd. 8.) Wien 2004, 329–353.

74 Vgl. *Lech A. Tyszkiewicz*, Słowianie w historiografii wczesnego średniowiecza od połowy VI do połowy VII wieku. Wrocław 1991, 105–106, 191.

75 Die in der Forschung viel erörterte Frage, ob der erst seit dem 16. Jahrhundert mit dem Namen Fredegar verbundene Text einen oder mehrere Verfasser hatte, in einem Zug um 660 oder in drei

Winodi die Rede, die mit fränkischen Kaufleuten Handel trieben, sich gegen die Oberherrschaft der Avaren auflehnten und in diesem Zusammenhang den fränkischen Kriegerhändler Samo zu ihrem *rex* wählten. Dessen *regnum* hätten sich auch die von einem *dux Dervanus* angeführten Sorben (*Surbi*) angeschlossen, die – wie die Chronik explizit hervorhebt – slavischer Abkunft (*ex genere Sclavinorum*) gewesen seien, aber schon lange zum Frankenreich gehört hätten. Zusammen seien diese Sclavi/Wenedi in Konflikt mit König Dagobert I. (gest. 639) geraten, dessen Truppen sie beim *castrum Wogastisburc* in die Flucht geschlagen hätten, woraufhin sie anschließend wiederholt nach Thüringen und in andere Gebiete (*pagi*) des Frankenreiches eingefallen seien. An anderer Stelle berichtet die Chronik, dass *Winedi* irgendwo zwischen Pannonien und Bayern in einer *marca Vinedorum* unter einem *dux Walluc* lebten.[76] Ähnlich wie in Byzanz gerieten mithin auch bei den Franken um die Mitte des 7. Jahrhunderts nur jene slavischsprachigen Verbände in den Blick, die in direkter östlicher Nachbarschaft des Merowingerreiches lebten und dessen Grenzen bedrohten. Anders als in Byzanz handelte es sich dabei aber zunächst offenbar nur um eine vereinzelte Wahrnehmung, jedenfalls blieb das Zeugnis des Fredegar noch für ein Jahrhundert praktisch singulär. Erst in der Karolingerzeit tauchen in den lateinischen Quellen wieder vermehrt *Sclavi* auf.

Der Langobarde Paulus Diaconus blickte in seinem 790 – 795 in Montecassino entstandenen Geschichtswerk als Abkömmling einer in Friaul einst mit slavischen und avarischen Übergriffen konfrontierten Familie auf die *Sclavi*. Aus dieser Perspekive nahm er – mit einer Ausnahme[77] – nur Gruppen im heutigen Kärnten, Slovenien und Istrien wahr, die er zusammenfassend als *gens Sclavorum in Car-*

---

bis vier Phasen zwischen 613 und 660 geschrieben wurde, ist für die Deutung der fraglichen Slavenpassagen letztlich unerheblich, da das Vierte Buch, in dem sie begegnen, in jedem Fall dem letztgenannten Datum zuzuordnen ist; die Diskussion resümiert bei *Walter Goffart*, The Fredegar-Problem Reconsidered, in: Speculum 18 (1963), 206 – 241; *Tyszkiewicz*, Słowianie (wie Anm. 74), 106 – 118; *Roger Collins*, Die Fredegar-Chroniken. (MGH. Studien und Texte, Bd. 44.) Hannover 2007, 8 – 55.

76 Chronicarum quae dicuntur Fredegarii scholastici libri IV cum continuationibus, in: *Bruno Krusch* (Hrsg.), Fredegarii et aliorum chronica. Vitae sanctorum. (MGH SS rer. Merov., Bd. 2.) Hannover 1888, 1 – 193, hier 144 f., 154 f., 157; zur im einzelnen kontroversen Deutung der Slavenpassagen vgl. *Tyszkiewicz*, Słowianie (wie Anm. 74), 118 – 152; *Joseph Schütz*, Fredegar: Über Wenden und Slawen (Chronicon lib IV. cap. 48 et 68), in: Jahrbuch für Fränkische Landesforschung 52 (1992), 45 – 59; *Florin Curta*, Slavs in Fredegar: Medieval *gens* or narrative strategy?, in: Acta Universitatis de Attila József nominatae, Acta Historica 103 (1996), 3 – 19; *Ders.*, Slavs in Fredegar and Paul the Deacon: medieval *gens* or 'scourge of God'?, in: Early Medieval Europe 6 (1997), 141 – 167, bes. 144 – 155.

77 Die Ausnahme: eine Nachricht zum Jahr 642, nach der *Sclavi* mit Schiffen – offenbar aus dem gegenüberliegenden Dalmatien – an der apulischen Küste landeten.

antanum bezeichnete. Diese Karantanen[78] porträtierte er in seinen zwischen 595 und 739 angesiedelten Nachrichten vor allem als Konfliktpartner der bayerischen und langobardischen Herzöge, die aus ihren Wohngebieten (*habitatio, provincia, patria* – noch nicht aus einem *regnum*[79]) die Bayern und Langobarden bedrängten und dabei mitunter als slavische Banditen (*latrunculi Sclavorum*) auftraten.[80]

Nicht als feindliche Gegner, sondern als Adressaten christlicher Mission schilderte dagegen die 871 im Auftrag des Salzburger Erzbischofs Adalwin (gest. 873) verfasste *Conversio Bagoariorum et Carantanorum* die *Sclavi, qui dicuntur Quarantani.*[81] Die offenbar zur Unterrichtung des ostfränkischen Königs

---

78 Ein möglicherweise älterer Beleg für die Karantanen (*Carontani*) begegnet in der als „Kosmographie von Ravenna" bekannten Erdbeschreibung, deren Datierung – entweder in das beginnende oder ausgehende 8. oder gar beginnende 9. Jahrhundert – umstritten ist; Ravennatis Anonymi cosmographia, in: *Joseph Schnetz* (Hrsg.), Itineraria Romana. Band II: Ravennatis Anonymi cosmographia et Guidonos geographica. Leipzig 1929, ND München 1990, 1 – 110, hier 11; zur Datierung der Quelle *Klaus Bertels*, Carantania. Beobachtungen zur politisch-geographischen Terminologie und zur Geschichte des Landes und seiner Bevölkerung im frühen Mittelalter, in: Carinthia 177 (1987), 87 – 106, hier 114 – 117; *Aleksandr V. Podosinov*, 'Kosmografija Ravennskogo Anonima, in: G. G. Litavrin (Hrsg.), Svod drevnejšich pis'mennych izvestij o slavjanach. Tom II (VII-IX vv.). Moskva 1995, 401 – 405, bes. 401. Zu Karantanien zuletzt *Stefan Eichert*, Zentralisierungsprozesse bei den frühmittelalterlichen Karantanen, in: Sikora (Hrsg.), Zentralisierungsprozesse (wie Anm. 36), 13 – 60.

79 Dass Paulus Diaconus *Carantanum* bereits als Landesname und damit als Bezeichnung für eine politische Herrschaftsbildung verwendet hat, wie *Bertels*, Carantania (wie Anm. 78), 108 – 109 meint, wird von *Curta*, Slavs in Fredegar and Paul the Deacon (wie Anm. 76), 160 bestritten; Curta unterstellt Paulus vielmehr, dass er „completely ignored the fact that, during his own lifetime, the Carantanian Slavs have already emerged as a strong polity under their rulers of the dynasty of Boruth." Tatsächlich findet sich ein auf eine etablierte Herrschaftsbildung verweisender Territorialbegriff (*Karantana provincia*) erstmals in einer Urkunde Karls des Großen vom 14. Juni 811; *Engelbert Mühlbacher* (Hrsg.), Pippini, Carlomanni, Caroli Magni Diplomata. Die Urkunden Pippins, Karlmann und Karls des Großen. (MGH DD Karolinorum, Bd. 1.) Hannover 1906, 282; andere Formen wie *Caranta(nia), Carentania, Charentariche* u. ä. begegnen erst im weiteren Verlauf des 9. Jahrhunderts, die Belege bei *Klaus Bertels / Renate Möhlenkamp*, Carantania, in: Glossar zur frühmittelalterlichen Geschichte im östlichen Europa. Seria A: Lateinische Namen bis 900, Bd. 2. Wiesbaden 1982, 319 – 331.

80 *Gustav Waitz* (Hrsg.), Pauli Historia Langobardorum. (MGH SS rer. Germ. in us. schol., Bd. 48.) Hannover 1878, ND Hannover 1987, 146, 150, 156 f., 165, 170, 178, 194 f., 209 f., 222 f., 232 f., 236. Zur Deutung der Slavenpassagen vgl. auch *Curta*, Slavs in Fredegar and Paul the Deacon (wie Anm. 76), 156 – 167.

81 *Herwig Wolfram*, Conversio Bagoariorum et Carantanorum. Das Weissbuch der Salzburger Kirche über die erfolgreiche Mission in Karantanien und Pannonien. Wien u. a. 1979, 34 – 59, hier 40 (eine zweite, gründlich überarbeitete Ausgabe erschien 2012 in Ljubljana/Laibach). Zur Entstehungs- und Wirkungsgeschichte des Textes auch ausführlich *Ders.*, Salzburg, Bayern, Österreich. Die Conversio Bagoariorum et Carantanorum und die Quellen ihrer Zeit. (Mitteilungen

erstellte Schrift kannte neben den Karantanen, deren Geschichte sie mit der Fredegar-Chronik bis auf die Zeit Samos zurückführte, *Sclavi* auch in Unter-Pannonien. Dass sie nur diese und nicht etwa auch die Mährer (*Maravi*) oder die Bulgaren (*Bulgari*) als Sclavi bezeichnete[82], war in ihrer politischen Tendenz begründet, eben diese pannonischen *Sclavi* als Anhängsel Karantaniens und damit als rechtmäßig der Salzburger Kirchenhoheit unterstehende Bevölkerung zu erweisen. Aus diesem Grund bezeichnete sie auch beide Slavengebiete, die karantanischen und jene in Pannonien (nämlich – wie die *Conversio* genauer definiert – der „Teil des unteren Pannonien am Plattensee und jenseits der Raab und von dort bis zur Drau und weiter bis zur Mündung der Drau in die Donau") nicht nur vage als *partes Sclavorum*, sondern auch als *Sclavinia*, d.h. als ein einziges politisch organisiertes, zusammengehöriges Gebiet.[83] Der Text ließ zugleich eine gewisse Kenntnis der slavischen Migrationsgeschichte erkennen.[84] Und mit dem Hinweis auf die Erfindung der slavischen Buchstaben durch den aus Thessalonike stammenden Methodius, der als Slave aus Istrien und Dalmatien vorgestellt wird, deutete er auch eine Ahnung vom sprachlichen Zusammenhang der Slaven an, der über die karantanisch-unterpannonische *gens Sclavorum* bzw. *Sclavinia* hinausging.[85]

Seit dem ausgehenden 8. Jahrhundert wurden auch die fränkischen Reichsannalen im Kontext militärischer Ereignisse auf Karantanen, unterpannonische und Balkan-Slaven (*Sorabi*/Serben; *Timociani*), aber auch auf die Bulgaren (*Bulgari*) aufmerksam.[86] Die Mehrzahl ihrer einschlägigen Nachrichten bezog sich allerdings auf slavischsprachige Verbände, die erst mit dem nordöstlichen Ausgreifen Karls des Großen in den fränkischen Horizont gerieten. Sie konnten relativ rasch bei ihren gentilen Namen genannt und als Sorben (*Sorabi Sclavi* oder *Sclavi*,

des Instituts für Österreichische Geschichtsforschung, Erg.bd. 31.) Wien / München 1995, sowie *Fritz Lošek*, Die Conversio Bagoariorum et Carantanorum und der Brief des Erzbischofs Theotmar von Salzburg. (MGH. Studien und Texte, Bd. 15.) Hannover 1997, 5–53 (90–135 eine weitere lateinisch-deutsche Edition).

82 *Wolfram*, Conversio (wie Anm. 81), 50, 52, 56.

83 *Wolfram*, Conversio (wie Anm. 81), 46, 48.

84 *Wolfram*, Conversio (wie Anm. 81), 44: *Tunc vero Sclavi post Hunos* [= Avaros] *inde expulsos venientes coeperunt istis partibus Danubii diversas regiones habitare*; 50: *coeperunt populi sive Sclavi vel Bagoarii inhabitare terram, unde illi expulsi sunt Huni* [Avari], *et multiplicari.*

85 *Wolfram*, Conversio (wie Anm. 81), 58: *supervenit quidam Sclavus ab Hystrie et Dalmatie partibus nomine Methodius, qui adinvenit Sclavicas literas.*

86 *Georg Heinrich Pertz / Friedrich Kurze* (Hrsg.), Annales regni Francorum inde a. 741 usque ad 829, qui dicuntur Annales Laurissenses maiores et Einhardi. (MGH SS rer. Germ. in us. schol., Bd. 6.) Hannover 1895, passim.

qui dicuntur Sorabi), Wilzen (*Sclavaniae, quorum vocabulum est Wilze; Welatabi*[87]), Böhmen (*Sclavi, qui vocant Beheimi*), Abodriten (*Abodriti, Praedenecenti*), *Linones, Smeldingi*, Mährer (*Marvani*) identifiziert werden.[88] Auf diese „östlichen Slaven", als die sie die Reichsannalen unter dem Jahr 822 explizit zusammenfassten, und ihre zum Teil ebenfalls bereits namentlich bekannten Anführer[89] stießen die Franken unmittelbar jenseits der Elbe, an der südlichen Ostseeküste, an Saale und Mulde, in Thüringen, und zwar nahezu ausschließlich im Kontext militärischer Konflikte. Nur gelegentlich wurden die kriegerischen Konfrontationen, in denen Karl die „Übergriffe" und „Frechheit der störrischen Slaven" (*Sclavorum incursiones, contumacium Sclavorum audaciam*) bestrafte[90], durch Verhandlungen und Zweckbündnisse ergänzt. Der Biograph des Kaisers, Einhard (gest. 840), bezeichnete sie denn auch als „barbarische und wilde Völkerschaften", wusste dabei aber, dass sie „so ziemlich die gleiche Sprache reden, in Sitten und Tracht aber sehr voneinander verschieden sind."[91]

Die *Annales Fuldenses* ergänzten das Bild mit den *Siusli* und Daleminzern (*Dalmatae; Sclavi, qui vocantur Dalmatii*)[92] zwischen Elbe und Mulde nur geringfügig, erhöhten aber die Frequenz einschlägiger Nachrichten und fassten die im 9. Jahrhundert politisch in den Vordergrund tretenden Herrschaftsbildungen der Karantanen, Mährer und Bulgaren auch bereits mit entsprechenden politi-

---

87 *Pertz / Kurze* (Hrsg.), Annales regni Francorum (wie Anm. 86), 85 bieten hierzu die interessante Erläuterung: *Natio quaedam Sclavenorum est in Germania, sedens super litus oceani, quae propria lingua Welatabi, Francica autem Wiltzi vocatur*; ähnlich formuliert Einhard, in: *Georg Heinrich Pertz / Georg Waitz* (Hrsg.), Einhardi Vita Karoli Magni. (MGH SS rer. Germ. in us. schol., Bd. 25.) Hannover / Leipzig [6]1911, 15: *Sclavi, qui nostra consuetudine Wilzi, proprie vero, id est sua locutione, Welatabi dicuntur.*

88 *Pertz / Kurze* (Hrsg.), Annales regni Francorum (wie Anm. 86), 60, ad annum 782, 84 f., ad annum 789, 120, ad annum 805, 121, ad annum 806, 125 f., ad annum 808, 129, ad annum 809, 135, ad annum 811, 158, ad annum 822.

89 *Sclaomir, Witzinus/Witzan* bei den Abodriten, *Dragavitus, Milegastus, Liubus, Celeadragus* bei den Wilzen und *Miliduoch, Tunglo* bei den Sorben.

90 *Pertz / Kurze* (Hrsg.), Annales regni Francorum (wie Anm. 86), 61, 127, 143 f.

91 *Pertz / Waitz* (Hrsg.), Einhardi Vita Karoli (wie Anm. 87), 18: *omnes barbaras ac feras nationes, quae inter Rhenum ac Vistulam fluvios oceanumque ac Danubium positae, lingua quidem poene similes, moribus vero atque habitu valde dissimiles, Germaniam incolunt, ita perdomuit, ut eas tributarias efficeret; inter quas fere praecipuae sunt Weletabi, Sorabi, Abodriti, Boemani – cum his namque bello conflixit -; ceteras, quarum multo maior est numerus, in deditionem suscepit*; deutsch zitiert nach *Reinhold Rau* (Hrsg.), Quellen zur karolingischen Reichsgeschichte, Teil 1: Die Reichsannalen, Einhard Leben Karls des Großen, Zwei „Leben" Ludwigs, Nithard Geschichten. (Ausgewählte Quellen zur deutschen Geschichte des Mittelalters, Bd. 5.) Darmstadt 1955, 185.

92 *Georg Heinrich Pertz / Friedrich Kurze* (Hrsg.), Annales Fuldenses sive Annales regni Francorum orientalis. (MGH SS rer. Germ. in us. schol., Bd. 7.) Hannover 1891, 47, ad annum 856, 94, ad annum 880.

schen Territorialbegriffen (*Carinthia/Carenta, Maravia, Bulgaria*).[93] Wie sehr die lateinische Wahrnehmung der *Sclavi* von der Nähe zu ihren Lebensbereichen abhing, lassen die *Annales Bertiniani*, die westfränkische Fortsetzung der Reichsannalen, erkennen. Sie kannten in ihrer ältesten Schicht zwar zunächst weiterhin Abodriten, Wilzen, Linonen und Sorben, fielen aber ab den 860er Jahren in eine gänzlich unbestimmte Terminologie zurück, wenn sie nur mehr von *Vuinidi, qui in regionibus Saxonum sunt* oder von *Vuinidi sub diversis principibus* sprachen. Bei den Mährern blieben sie (wenn die entsprechende Textlücke nicht einem späteren Kopisten anzulasten ist) geradezu sprachlos und nannten sie bloß *Vuinedi, qui appellantur* .... Für die *Moravia* der *Annales Fuldenses* fanden sie nur die vage – offenbar der Ferdegar-Chronik entlehnte – Bezeichnung *marca Vuinidorum*.[94]

In weiten Teilen vage blieb auch eine im 9. Jahrhundert im süddeutschen Raum erstellte „Beschreibung der Burgen und Länder nördlich der Donau."[95] Sie erfasste in einer ersten, von Nord nach Süd die Ostgrenze des Karolingerreiches abschreitenden Aufzählung die unmittelbar benachbarten slavischsprachigen Bevölkerungsverbände durchaus präzise, kannte auch für weiter östlich lebende Gruppen zahlreiche, zweifelsfrei historische Gentilnamen. Doch waren viele der insgesamt 58 aufgeführten Namen wohl ebenso erfunden wie die in vielen Fällen absolut phantastischen Zahlen der Burgen beziehungsweise Burgbezirke (*civitates*), über die sie verfügt haben sollen. Dessen ungeachtet bezeugt der Text ein gesteigertes ostfränkisches Interesse an den politischen und ethnographischen Verhältnissen des östlichen Europa, das auch die Frage nach den Ursprüngen der slavischsprachigen Verbände implizierte. Jedenfalls findet sich bei einem der genannten Verbände, den *Zerivani*, die interessante Bemerkung, dass ihr *regnum* so groß gewesen sei, dass aus ihm alle Stämme der Slaven (*cuncte gentes sclavorum*) hervorgegangen seien beziehungsweise diese aus ihm, wie behauptet werde, ihren Ursprung herleiten würden (*exorte sint et originem sicut affirmant*

---

93 *Pertz / Kurze* (Hrsg.), Annales Fuldenses (wie Anm. 92), 56, ad annum 863, 113, ad annum 884, 121, ad annum 892, 122, ad annum 892.

94 *Félix Grat / Jeanne Vielliard / Suzanne Clémencet* (Hrsg.), Annales de Saint Bertin. Paris 1964, 4 – 6, 33, 48, 49, 53, 55, 58, 64, 68, 71 f., 85, 93, 95, 97 f., 113, 123, 127, 131, 157, 164 f., 169 f., 175 f., 182, 185 f., 193 – 195, 210.

95 Opisanie gorodov i oblastej k severu ot Dunaja, ili Bavarskij Geograf Descriptio civitatum et regionum ad septentrionalem plagam Danubii sive Geographus Bavarus, in: *Aleksandr V. Nazarenko* (Hrsg.), Nemeckie latinojazyčnye istočniki IX-XI vekov. Teksty, perevod, kommentarij. Moskva 1993, 7 – 51, Edition des lateinischen Textes: 13 – 14.

ducant).[96] In ähnlicher Weise hatte um 800 der Kosmograph von Ravenna die *patria* der Skythen als Urheimat der *Sclavi* bezeichnet.[97]

Nichts dergleichen findet sich in Reginos eingehendem ethnographischem Exkurs über die „skythischen Reiche."[98] Der ehemalige Abt von Prüm war zu Beginn des 10. Jahrhunderts in Trier über die *Sclavi* kaum besser im Bilde als der Mönch Notker in St. Gallen, der in den 880er Jahren nur pauschal vom „ganzen Geschlecht der Slaven" (*omne Sclavorum genus*) sprach, das neben Avaren (*Huni*) und Bulgaren (*Bulgari*) zu jenen furchtbaren Völkern (*immanissimae gentes*) zählte, die den Landweg nach Byzanz verstellten.[99] Regino zählte neben *Wilzi, Surbi, Abotridi, Linones* auch die Mährer und Böhmen noch explizit zu den *Sclavi*.[100] Sein Fortsetzer schloss die *Boemi* – wie im Übrigen auch die Rus' (*Rugi*) und die Karantanen – in den 960er Jahren bereits aus seinem Sclavi-Begriff aus und engte diesen auf jene Elbslaven (*Obodriti; Sclavi, qui Vucrani vocantur; Sclavi, qui dicuntur Lusizani*) ein, deren Wildheit (*Sclavorum sevitiae*) die Ottonen zu bändigen bemüht waren.[101] Auch Widukind von Corvey stellte zur gleichen Zeit die seit längerem christianisierten *Boemi*, für die er nicht nur eine Territorialbezeichnung (*Boemia*) kannte, sondern auch einzelne ihrer Herzöge und ihren Hauptort Prag beim Namen zu nennen wusste, neben die *Sclavi*. Unter letzteren verstand er „alle barbarischen Völkerschaften bis hin zur Oder" (*omnes barbarae nationes usque in Oderam fluvium)*, womit er namentlich die Abodriten (*Apodriti/Abdriti*), Wilzen (*Wilti*), Redarier (*Redarii*), Rugier (*Ru[gi]ani;*), Ukranen (*Uchri*), Daleminzer (*Da-*

---

96 Zur Deutung der Quelle vgl. u. a. *Wolfgang Fritze*, Die Datierung des Geographus Bavarus und die Stammesverfassung der Abodriten, in Zeitschrift für slavische Philologie 21 (1952), 326–346; *I. Cherman [Joachim Hermann]*, Ruzzi. Forsderen liudi. Fresiti. K voprosu ob istoričeskich i ėtnografičeskich osnovach „Bavarskogo Geografa" (pervaja polovina IX v.), in: Boris A. Timočšuk (Hrsg.), Drevnosti slavjan i Rusi. Moskva 1988, 162–169; *Krzysztof Tomasz Witczak*, Dwa studia nad Geografem Bawarskim, in: Roczniki historyczne 59 (1993), 5–17; *Maddalena Betti*, La Descriptio civitatum et regionum ad septentrionalem plagam Danubii. Lo spazio oltre il 'limes' nel IX secolo, in: Mélanges de l'École française de Rome – Moyen Âge 125 (2013), 1 [online abgerufen unter http://mefrm.revues.org/1078 am 17. 1. 2016].

97 *Schnetz* (Hrsg.), Ravennatis Anonymi cosmographia (wie Anm. 78), 11: *Sexta ut hora noctis Scitharum est patria, unde Sclavinorum exorta est prosapia.*

98 *Friedrich Kurze* (Hrsg.), Reginonis abbatis Prumiensis chronicon cum continuatione Treverensi. (MGH SS rer. Germ. in us. schol., Bd. 50.) Hannover 1890, 131 f.: *de Scythiae situ Scytharumque moribus.*

99 *Hans F. Haefele* (Hrsg.), Notkeri Balbuli gesta Karoli Magni imperatoris. (MGH SS rer. Germ., NS, Bd. 12.) Berlin 1959, 37 f., 48, 71.

100 *Kurze* (Hrsg.), Reginonis abbatis Prumiensis chronicon (wie Anm. 98), 32, 53, 57, 59, 61, 64–68, 71, 78, 112, 134, 137, 140, 143.

101 *Kurze* (Hrsg.), Reginonis abbatis Prumiensis chronicon (wie Anm. 98), 156, 158 f., 163 f., 170, 172 f., 177.

lamanci), Heveller (*Heveldi/Hevelli*) und Lausitzer (*Lusiki*), aber auch weiter entfernt lebende Barbaren (*longius degentes barabaros*), wie die Wolliner Slaven (*Vuloini*) und die *Licicaviki* des *rex Misaca*, in den Blick nahm.[102] Sie alle verband, dass es sich um heidnische, politisch noch kaum gefestigte Personenverbände handelte, die den Sachsen gleichwohl in beständigen Konflikten erhebliche Probleme bereiteten (weshalb Ruotger in der Lebensbeschreibung des heiligen Brun in den 960er Jahren auch von der „hundertfachen Wut der barbarischen Slawen" (*centifida Sclavorum rabies barbarorum*) sprach.[103]

Aus den Reihen dieser ‚slavischen Barbaren' emanzipierte sich seit dem ausgehenden 10. Jahrhundert allein die in den 960er Jahren ‚getaufte' *Polonia*. Otto III. mochte sie im Rahmen seiner *Renovatio imperii*-Konzeption noch als einen integralen Teil einer den Ottonen verpflichteten *Sclavinia/Sclavania* beansprucht haben – wie die berühmte Miniatur aus seinem Reichenauer Evangeliar, aber auch ein im März des Jahres 1000 *in Sclavania in civitate Gnesni ubi corpus beati martyris Ad(alberti ... re)quiescit* ausgestelltes Diplom belegen.[104] Doch schon Thietmar von Merseburg stellte ihren *dux Miseco* in seiner zwischen 1012 und 1018 verfassten

102 *Paul Hirsch / Hans-Eberhard Lohmann* (Hrsg.), Die Sachsengeschichte des Widukind von Korvei. (MGH SS rer. Germ. in us. schol., Bd. 60.) Hannover 1935, 27, 49 – 55, 61, 63, 68 f., 85, 95 f., 101, 108, 125, 134, 140 – 148, 153. Zu Widukinds Bild von den *Sclavi* vgl. auch *Franz Josef Schröder*, Völker und Herrscher des östlichen Europa im Weltbild Widukinds von Korvei und Thietmars von Merseburg. Münster 1977, 21 – 32.

103 *Irene Ott* (Hrsg.), Ruotgers Lebensbeschreibung des Erzbischofd Bruno von Köln. (MGH SS rer. Germ., NS, Bd. 10.) Köln / Graz 1958, 4 cap. 3.

104 *Percy Ernst Schramm / Florentine Mütherich*, Denkmale der deutschen Könige und Kaiser. Ein Beitrag zur Herrschergeschichte von Karl dem Großen bis Friedrich II. 768 – 1250. (Veröffentlichungen des Zentralinstituts für Kunstgeschichte in München, Bd. 2.) München 1962, 155 f., 322 f.; *Wilhelm Weizsäcker*, Imperator und huldigende Frauen, in: Wilhelm Wegener (Hrsg.), Festschrift für Karl Gottfried Hugelmann zum 80. Geburtstag am 26. September 1959. Aalen 1959, 815 – 831; *Johannes Fried*, Otto III. und Bolesław Chrobry. Das Widmungsbild des Aachener Evangeliars, der ‚Akt von Gnesen' und das frühe polnische und ungarische Königtum. Stuttgart ²2001, 62 – 65; *Theodor Sickel* (Hrsg.), Die Urkunden der deutschen Könige und Kaiser. Die Urkunden Ottos des III. (MGH DD 2,2). Hannover 1893, 778 f. (Nr. 349); in diesen gedanklich-ideologischen Kontext mochten auch noch die *Sclauonia*-Belege der von Brun von Querfurt um 1008 verfassten Vita der fünf Märtyrerbrüder gehört haben: *Jadwiga Karwasińska* (Hrsg.), Vita quinque fratrum eremitarum [seu] Vita uel passio Benedicti et Iohannis sociorumque suorum. (MPH NS, Bd. 4,3.) Warszawa 1973, 35 f., 39; die zwischen etwa 1007 und 1030 aufgezeichneten Quedlinburger Annalen sahen freilich, wie Thietmar, die von Otto III. und seinen Anhängern mit dem *Sclavonia*-Begriff gehegte Vorstellung offenbar bereits als obsolet an und sprachen daher von *Polonia* (wenn auch an einer Stelle noch in der bezeichnenden Übergangsformulierung *Polonia Slavoniae*): *Martina Giese* (Hrsg.), Annales Quedlinburgenses. (MGH SS rer. Germ. in us. schol, Bd. 72.) Hannover 2004, 522, 530; vgl. auch *Dieter Wojtecki*, Slavica beim Annalisten von Quedlinburg, in: Zeitschrift für Ostforschung 30 (1981), 161 – 194, bes. 172 – 174.

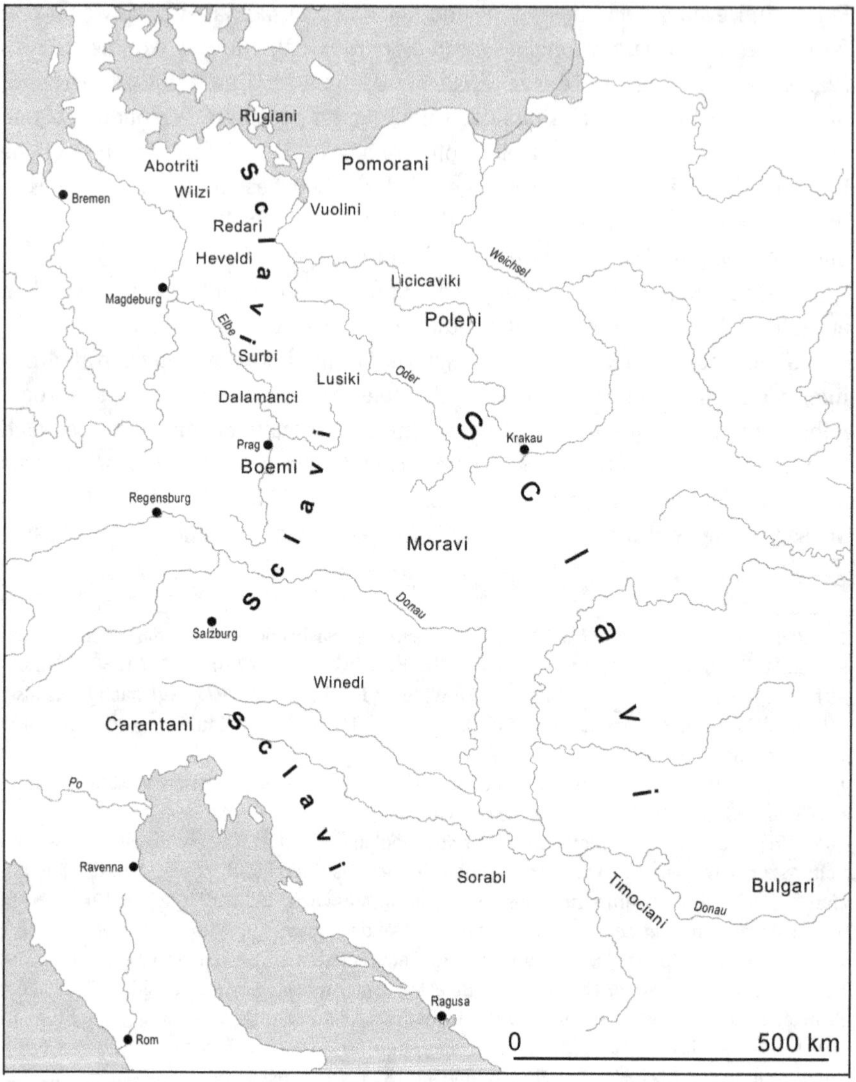

Karte 3: Die Sclavi im Blick der westlich-lateinischen Quellen

Chronik auf eine Stufe mit dem Böhmenherzog Boleslav – und beide zusammen den *Sclavi* gegenüber.[105] Tatsächlich grenzte der Merseburger Bischof den Begriff

105 *Robert Holtzmann* (Hrsg.), Thietmari Merseburgensis epsicopi chronicon. Die Chronik des

weiter auf die zwischen Elbe und Oder lebenden „grausamen Slaven" ein, die 983 zum Heidentum zurückgefallen waren, ihm aber auch als Mehrheitsbevölkerung seines Bistums vertraut waren.[106] Die Untertanen des *Miseco* beziehungsweise seines Sohnes *Bolizlaus* bezeichnete er dagegen bereits konsequent als Polen (*Poleni/Polenii*).[107] Auch die sehr wohl bereits als eine slavischsprachige Gemeinschaft wahrgenommenen Rus' (*Rus(s)cia*) wurden von Thietmar, der selbst über slavische Sprachkenntnisse verfügte[108], nicht als *Sclavi* bezeichnet.

Das alles bedeutete nicht, dass man die nun bei ihren eigenen Namen genannten Herrschaftsbildungen der Polen, Böhmen und Rus' nicht weiter auch in einem sprachlichen Sinn als ‚slavisch' begriff. So charakterisierte Wipo (gest. nach 1046) Bolesław Chrobry in den 1040er Jahren explizit als „slavischen Herzog der Polen" (*Sclavigena dux Bolanorum*), während Hermann von Reichenau (gest. 1054) wenig später von den „slavischen Polen" (*Sclavi Bolani*) beziehungsweise *Sclavi, qui Boloni vocantur,* sprach.[109] Auch Adam von Bremen (gest. 1085) war die sprachliche Verwandtschaft der Slaven bewusst. Doch grenzte er die *tota Sclavania* explizit auf die ostelbischen Gebiete ein. Die *universi populi Sclavorum* oder

Bischofs Thietmar von Merseburg und ihre Korveier Überarbeitung. (MGH SS rer. Germ. NS, Bd. 9.) Berlin 1935, bes. 76.

106 Zu Thietmars Bild von den *Sclavi* vgl. auch *Erich Donnert,* Die frühmittelalterlich-deutsche Slawenkunde und Thietmar von Merseburg, in: Zeitschrift für Slawistik 9 (1964), 77–90; *Schröder,* Völker und Herrscher (wie Anm. 102), 33–47; *Lorenz Weinrich,* Der Slawenaufstand von 983 in der Darstellung des Bischofs Thietmar von Merseburg, in: Dieter Berg / Hans-Werner Goetz (Hrsg.), Historiographia mediaevalis. Studien zur Geschichtsschreibung und Quellenkunde des Mittelalters. Darmstadt 1988, 77–87; *Klaus Guth,* Kulturkontakte zwischen Deutschen und Slawen nach Thietmar von Merseburg, in: ebd., 88–102; *David Fraesdorff,* Der barbarische Norden. Vorstellungen und Fremdheitskategorien bei Rimbert, Thietmar von Merseburg, Adam von Bremen und Helmold von Bosau. (Orbis mediaevalis, Bd. 5.) Berlin 2005, 31, 139–142; *Hans-Werner Goetz,* Die Slawen in der Wahrnehmung Thietmars von Merseburg zu Beginn des 11. Jahrhunderts, in: Lětopis 62/2 (2015), 103–118, bes. 108–111.

107 *Holtzmann* (Hrsg.), Thietmari chronicon (wie Anm. 105), 194, 253, 255, 258 f., 288 f., 342 f., 418 f., 486, 528. Zu Thietmars Bild von Polen ausführlich *Andrzej Pleszczyński,* Niemcy wobec pierwszej monarchii piastowskiej (963–1034). Narodziny stereotypu. Postrzeganie u cywilizacyjna klasyfikacja władców Polski i ich kraju. Lublin 2008, passim; englische Ausgabe: The Birth of a Stereotyp. Polish Rulers and their Country in German Writings c. 1000 A.D. (East Central and Eastern Europe in the Middle Ages, 450–1450, Bd. 15.). Leiden / Boston 2011.

108 *Ernst Eichler,* Nochmals zu Thietmars Umgang mit slavischen Namen in seiner Chronik, in: Albrecht Greule / Matthias Springer (Hrsg.), Namen des Frühmittelalters als sprachliche Zeugnisse und als Geschichtsquellen. (Erg.bd. zum Reallexikon der Germanischen Altertumskunde, Bd. 66.) Berlin / New York 2009, 189–192.

109 *Harry Bresslau* (Hrsg.), Die Werke Wipos. (MGH SS rer. Germ. in usum schol., Bd. 61.) Hannover / Leipzig ^{2}1915, ND Hanover 1977, 31; Herimanni Augiensis chronicon a. 1–1054, in: *Georg Heinrich Pertz* (Hrsg.), Scriptorum Tomus V. (MGH.) Hannover 1844, 67–133, hier 118, 121.

gentes Winulorum waren für ihn die von der hamburg-bremischen Kirche zu missionierenden beziehungsweise zu betreuenden Elb- und Ostseeslaven. Aus dieser Perspektive relativierte der Bremer Domherr auch die von ihm zitierten Ausführungen Einhards, dass die *Sclavania* die weiträumigste Landschaft Germaniens sei, indem er die Zugehörigkeit Böhmens und Polens zu dieser *Sclavania* deutlich in Zweifel zog.[110] Es ist kein Zufall, dass *Sclavi* seither nur noch in Quellen gehäuft begegnen, die – wie die Slavenchroniken Helmolds von Bosau (gest. 1177)[111] und Arnolds von Lübeck (gest. 1211/14)[112], die *Gesta Danorum* des

110 *Bernhard Schmeidler* (Hrsg.), Adam von Bremen, Hamburgische Kirchengeschichte. (MGH SS rer. Germ. in us. schol., Bd. 2.) Hannover / Leipzig ³1917, bes. 71, 75 – 81; 75 f.: *Sclavania igitur, amplissima Germaniae provintia a Winulis incolitur, qui olim dicti sunt Wandali; decies maior esse fertur quam nostra Saxonia, presertim si Boemiam et eos, qui trans Oddaram sund, Polanos, quia nec habitu nec lingua discrepant, in partem adieceris Sclavaniae.* Anders *Volker Scior*, Das Eigene und das Fremde. Identität und Fremdheit in den Chroniken Adams von Bremen, Helmolds von Bosau und Arnolds von Lübeck. (Orbis mediaevalis, Bd. 4.) Berlin 2002, 98 – 102, der aus der zitierten und anderen Stellen ableitet, „dass die *Sclavi* in Adams Vorstellung eine Einheit bilden" beziehungsweise „die Slawen [zusammen mit den Polen und Böhmen] als eine ethnische (...) Gemeinschaft" angesehen werden; ähnlich auch *Rudolf Buchner*, Die politische Vorstellungswelt Adams von Bremen, in: Archiv für Kulturgeschichte 45 (1963), 15 – 59, bes. 40 – 42; *Johannes Nowak*, Untersuchungen zum Gebrauch der Begriffe populus, gens und natio bei Adam von Bremen und Helmold von Bosau. Münster 1971, 50 – 58; *Fraesdorff*, Der barbarische Norden (wie Anm. 106), 85 – 90;

111 *Bernhard Schmeidler* (Hrsg.), Helmoldi presbyteri Bozoviensis chronica Slavorum. (MGH SS. rer. Germ. in us. schol, Bd. 32.) Hannover ³1937. Vgl. auch *Nowak*, Untersuchungen (wie Anm. 110), 127 – 134; *Ilona Opelt*, Slavenbeschimpfungen in Helmolds Chronik, in: Mittellateinisches Jahrbuch 19 (1984), 162 – 169; *Fraesdorff*, Der barbarische Norden (wie Anm. 106), 97 – 99, 108 f.; *Scior*, Das Eigene (wie Anm. 110), 204 – 218; *Paul Görlich*, Zur Frage des Nationalbewusstseins in ostdeutschen Quellen des 12. bis 14. Jahrhunderts. (Wissenschaftliche Beiträge zur Geschichte und Landeskunde Ost-Mitteleuropas, Bd. 66.) Marburg/Lahn 1964, 71, 73, 86, nahm aus seinem älteren, volksgeschichtlichen Zugang an, dass Helmold mit *populus Slavorum* „die Gesamtheit der Slaven als politisch-stammliche Gemeinschaft" bezeichnet und mit *gens Slavorum* „die Gesamtheit der slavischen Stämme, die slavische Volksgemeinschaft" gemeint habe. Tatsächlich reflektiert Helmold in einer Art geo- und ethnographischen Einleitung, die in hohem Maße Adam von Bremen verpflichtet war, zu Beginn seiner Chronik *de Slavorum provinciis, natura, moribus* bzw. über die *Slavorum nationes.* Wenn er in diesem Zusammenhang neben den Elb- und Ostseeslaven auch die Rus' (*Ruci*), Polen (*Poloni*), Pruzzen (*Pruzi*), Böhmen (*Boemi*), Mährer (*Marahi*), Karantanen (*Karinthi*) und Sorben (*Sorabi*) zu den *Slavorum nationes* zählte, dann nur, um die Reichweite der slavischen Sprache (*Slavicae linguae*) zu unterstreichen, und keineswegs, um all diese Gruppen – zu denen er im Übrigen auch die *Ungaria* zählte, weil diese nach Ansicht mancher (*ut quidam volunt*) weder durch Sitte noch Sprache (*nec habitu nec lingua*) von der *Slavania* abwich – als eine ethnische Gemeinschaft zu erweisen; *Schmeidler* (Hrsg.), Helmoldi chronica, 5 – 7.

Saxo Grammaticus (gest. 1220)[113] oder die einschlägige urkundliche Überlieferung[114] – in unmittelbarer Nachbarschaft und Berührung zu dieser *Sclavania* entstanden sind. Auch diese Texte nahmen aus ihrem missions- und siedlungsgeschichtlichen Expansionsinteresse heraus, das zumeist ein stereotyp-negatives Bild implizierte, ausschließlich die Elb- und Ostseeslaven in den Blick. Andernorts richteten ein Lampert von Hersfeld (gest. 1081), Ekkehard von Aura (gest. 1125), Otto von Freising (gest. 1158), Rahewin (gest. 1177), Otto von St. Blasien (gest. Anfang 13. Jh.) und andere ihre Aufmerksamkeit, sofern sie überhaupt nach Osten blickten, inzwischen eher auf die politischen und geographischen Verhältnisse der Polen, Böhmen und der Rus', der Kroaten, Serben, Ungarn und Bulgaren, während sie die *Sclavi* in der Regel nur noch in Zitaten und weiter zurückliegenden historischen Kontexten erwähnten, die sie älteren Werken entnahmen.[115] Andere wiederum, wie der englische Gelehrte Gervasius von Tilbury (gest. 1235), bezogen *Sclavonia* – wie al-Idrisi – nur noch auf das kroatische Slavonien, während sie weiter nördlich Böhmen, Rus', und Polen wahrnahmen.[116]

Der *Sclavi*-Begriff der lateinischen Quellen nahm mithin vom 7. bis 13. Jahrhundert eine ähnliche Entwicklung wie das byzantinische *Sklabenoi*- und das arabische *Ṣaqāliba*-Konzept. Gerieten anfangs nur vereinzelte, anonyme *Sclavi* an den Grenzen zunächst der byzantinischen, dann der eigenen fränkischen Welt in den Blick, so nahm man bald im Einzugsbereich der eigenen, nach Osten gerichteten Machtexpansion namentlich bekannte gentile Verbände wahr. Sobald sich aus diesen akephalen Gesellschaften großräumige, politisch gefestigte, christianisierte *regna* herausgebildet hatten, schieden diese aus dem *Sclavi*-

---

112 *Georg Heinrich Pertz* (Hrsg.), Arnoldi Chronica Slavorum. (MGH SS. rer. Germ. in us. schol, Bd. 14.) Hannover 1868. Vgl. auch *Scior*, Das Eigene (wie Anm. 110), 287–291; *Christian Lübke*, Arnold von Lübeck und die Slaven, in: Stephan Freund / Bernd Schütte (Hrsg.), Die Chronik Arnolds von Lübeck. Neue Wege zu ihrem Verständnis. Frankfurt/Main 2008, 191–202.

113 *Karsten Friis-Jensen / Peter Zeeberg* (Hrsg.), Saxo Grammaticus Gesta Danorum / Danmarkshistorien, 2 Bde. Kobenhavn 2005; *Paul Grinder-Hansen*, Die Slawen bei Saxo Grammaticus – Bemerkungen zu den Gesta Danorum, in: Ole Harck / Christian Lübke (Hrsg.), Zwischen Reric und Bornhöved. Die Beziehungen zwischen den Dänen und ihren slawischen Nachbarn vom 9. bis ins 13. Jahrhundert. (Forschungen zur Geschichte und Kultur des östlichen Mitteleuropa, Bd. 11.) Stuttgart 2001, 179–186.

114 Vgl. beispielhaft *Karl Jordan* (Hrsg.), Die Urkunden Heinrichs des Löwen, Herzogs von Sachsen und Bayern (MGH DD HL.) Leipzig 1941, Nr. 12, 41, 52, 59, 81f., 89.

115 *Günter Cerwinka*, Völkercharakteristiken in historiographischen Quellen der Salier- und Stauferzeit, in: Herwig Ebner (Hrsg.), Festschrift Friedrich Hausmann. Graz 1977, 59–79; *Thomas Förster*, Vergleich und Identität. Selbst- und Fremddeutung im Norden des hochmittelalterlichen Europa. (Europa im Mittelalter, Bd. 14.) Berlin 2009, bes. 18f., 78, 121–123, 142.

116 *Shelagh E. Banks / James W. Binns* (Hrsg.), Gervase of Tilbury, Otia Imperialia / Recreation for an Emperor. Oxford 2002, 242–246, 272, 522.

Konzept aus beziehungsweise traten mit eigenen Bezeichnungen diesem zur Seite, während *Sclavi* fortan primär auf die weiterhin paganen Elb- und Ostseeslaven, das fortgesetzte Objekt sächsischer Missions- und Kolonisationsinteressen, oder auf eine einzelne Region (Slavonien) eingegrenzt wurde. Dieser Wandel schlug sich in groben Zügen auch in der zeitgenössischen Kartographie, den *mappae mundi*, nieder.[117] Ihre ältesten Varianten, die Karte von Albi, die im 8. Jahrhundert Schriften des Orosius und Honorius illustrierte oder die spanischen und südfranzösischen Beatus-Karten, die den Ende des 8. Jahrhunderts verfassten Apokalypse-Kommentar des Beatus von Liébana begleiteten, zeigten östlich des Rheins, in der antiken *Germania*, noch nicht mehr als eine leere Fläche, die allenfalls in jüngeren Kartenversionen mit antiken Signaturen (*Sarmatia, Tracia ubi Goti, Danubis, Dacia, Wandali*) gefüllt wurde.[118] Erst seit dem ausgehenden 10. bzw. 11. Jahrhundert beginnen die – insgesamt sehr konservativen, fast das gesamte Mittelalter hindurch an ihren antiken Vorbildern hängenden – *mappae mundi* das östliche Europa genauer zu entdecken. Die *Sclavi* begegnen dabei zum ersten Mal, angesiedelt zwischen den Norwegern (*Norweci*) und Bulgaren (*Bulgari*), auf einer gegen Ende des 10., vielleicht aber auch erst im zweiten Viertel des 11. Jahrhunderts in Canterbury gemalten angelsächsischen Karte, der so genannten *Cottoniana*.[119] Um 1120 verzeichnete die *Sclavi* unmittelbar östlich der rot

---

117 *von den Brincken*, Mappa mundi (wie Anm. 66), 118 – 186; *Dies.*, Fines Terrae. Die Enden der Erde und der vierte Kontinent auf mittelalterlichen Weltkarten. (MGH Schriften, Bd. 38.) Hannover 1992; *Jörg-Geerd Arentzen*, Imago Mundi Cartographica. Studien zur Bildlichkeit mittelalterlicher Welt- und Ökumenekarten unter besonderer Berücksichtigung des Zusammenwirkens von Text und Bild. (Münstersche Mittelalter-Schriften, Bd. 53.) Münster 1984; *Brigitte Englisch*, Ordo orbis terrae. Die Weltsicht in den ‚Mappae mundi' des frühen und hohen Mittelalters. (Orbis mediaevalis, Bd. 3.) Berlin 2002; *Peter Barber*, Medieval Maps of the World, in: Paul D. Harvey (Hrsg.), The Hereford World Map. Medieval World Maps and their Context. London 2006, 1 – 44. Zum Bild Osteuropas/Euroasiens auf westeuropäischen Karten des 8.–13. Jahrhunderts: *Anna-Dorothee von den Brincken*, Ost- und Südosteuropa in der abendländischen Kartographie des Spätmittelalters, in: Revue des Études Sud-Est-Européennes 13 (1975), 253 – 260; *Dies.*, Bulgarien im allgemeinen Geschichtsbewusstsein des Abendlandes im Mittelalter, in: Mitteilungen des Bulgarischen Forschungsinstituts in Österreich 9/1 (1987), 87 – 104; *Leonid Sergeevič Čekin*, Kartografija christianskogo srednevekov'ja VIII-XIII vv. (Drevnejšie istočniki po istorii Vostočnoj Evropy.) Moskva 1999; engl. Ausgabe: *Leonid S. Chekin*, Northern Eurasia in Medieval Cartography. Inventory, Text, Translation, and Commentary. (Terrarum orbis, Bd. 4.) Turnhout 2006.

118 *Ingrid Baumgärtner*, Graphische Gestalt und Signifikanz. Europa in den Weltkarten des Beatus von Liébana und des Ranulf Higden, in: Dies. / Hartmut Kugler (Hrsg.), Europa im Weltbild des Mittelalters. Kartographische Konzepte. (Orbis mediaevalis, Bd. 10.) Berlin 2008, 81 – 132, bes. 83 – 101; *Englisch*, Ordo (wie Anm 117), 572 – 629.

119 *Konrad Miller* (Hrsg.), Die kleinen Weltkarten. (Die ältesten Weltkarten, Heft 3.) Stuttgart 1895, 29 – 37; *Englisch*, Ordo (wie Anm. 117), 245 – 258; *von den Brincken*, Fines (wie Anm. 117), 61 f.; *Chekin*, Northern Eurasia (wie Anm. 117), 129 – 131.

hervorgehobenen Reichsgrenze auch die Europakarte des Lambert von St. Omer (gest. 1125).[120] Im 13. Jahrhundert kannte dann die Weltkarte des Matthäus von Paris (gest. nach 1259) keine *Sclavi* oder *Sclavia* mehr, dafür nun aber die *Polonia* und die *Boemia*[121], während andere *mappae mundi* des 12.–13. Jahrhundert, so die Heinrich von Mainz (gest. 1153) zugeschriebene Sawley-Karte oder die Klimatenkarte des John of Wallingford (gest. 1258), die *Russia* und *Ungaria* zeigten.[122] Eine vergleichsweise sehr detaillierte Vorstellung vom östlichen Europa und seinen Teilregionen haben dann um 1300 die berühmten Großkarten von Hereford und Ebstorf geboten. Auf ihnen begegnen für das östliche Europa neben anachronistischen, antiken Namen fast alle wichtigen zeitgenössisch-aktuellen Bezeichnungen (*Pomorani, Poloni(a), Pruscia, Saneland, Boemia, (H)Ungari(a), Rusia, Fluvius Fistula* (Weichsel) *Fluvius Cidera* (Oder), *Braga* (Prag). Daneben verortete die Hereford-Karte zum einen *gentes Sclavorum* im Gebiet östlich der Elbe, das sie in antiker Tradition auch noch als *Germania superior* bezeichnete, zum anderen *Sclavi* zwischen den Ungarn und Bulgaren.[123] Sie scheint mithin exakt das doppelte, einerseits auf die Elb- und Ostseeslaven, andererseits auf das kroatische Slavonien bezogene *Sclavi*-Verständnis der zeitgenössischen Schriftquellen zu reflektieren.

120 Vgl. Umschlagabbildung; *Miller* (Hrsg.), Die kleinen Weltkarten (wie Anm. 119), 43–53; *Anna-Dorothee von den Brincken*, Europa in der Kartographie des Mittelalters, in: Archiv für Kulturgeschichte 55 (1973), 289–304, bes. 297–302; *Dies.*, Fines (wie Anm. 117), 73–76; *Hartmut Kugler*, Europa pars quarta. Der Teil und das Ganze im ‚Liber floridus', in: Baumgärtner / Kugler (Hrsg.), Europa (wie Anm. 118), 45–61.

121 *Miller* (Hrsg.), Die kleinen Weltkarten (wie Anm. 119), 70–73; *von den Brincken*, Fines (wie Anm. 117), 106–109.

122 *Miller* (Hrsg.), Die kleinen Weltkarten (wie Anm. 119), 21–29; *Paul D. A. Harvey*, The Sawley Map and Other world Maps in Twelfth-Century England, in: Imago mundi 49 (1997), 33–42 *Anna-Dorothee von den Brincken*, Die Klimatenkarte in der Chronik des Johann von Wallingford – ein Werk des Matthaeus Parisiensis?, in: Westfalen 51 (1973), 47–56; *Dies.*, Fines (wie Anm. 117), 70f., 109–112. Ungarn (*Hungaria*) und die Rus' (*Ruscite*) sowie östlich von ihr eine *Slavenia occidentalis* verzeichnete im 13. Jahrhundert auch die Londoner Psalterkarte, deren auf der Rückseite ‚geschriebene Version' für das östliche Europa an zeitgenössischen Termini allerdings nur *Bulgaria* bietet; *Miller* (Hrsg.), Die kleinen Weltkarten (wie Anm. 119), 37–43; *von den Brincken*, Fines (wie Anm. 117), 85–89; *Bruno Reudenbach*, Die Londoner Psalterkarte und ihre Rückseite. Ökumenekarten als Psalterillustration, in: Frühmittelalterliche Studien 32 (1998), 164–181.

123 *Scott D. Westrem*, The Hereford Map. A Transcription and Translation of the Legends with Commentary. (Terrarum orbis, Bd. 1.) Turnhout 2001, Map section 4 und 9 a, 137–141, 187–199, 221–227; *Konrad Miller* (Hrsg.), Die Herefordkarte. (Die ältesten Weltkarten, Heft 4.) Stuttgart 1896, bes. 16f.; *von den Brincken*, Fines (wie Anm. 117), 93–95.

Auch die mit 2345 Text- und Bildeinträgen ausgesprochen detaillierte Ebstorf-Karte, die größte bekannte mittelalterliche Weltkarte überhaupt, verzeichnete *Sclavi* an zwei verschiedenen Stellen.[124] Dabei dürfte der erste, vielleicht durch Isidor von Sevilla inspirierte Eintrag (*Tracia Sarmatie, Ebrum fl[uvius], Barbarorum gentes XIIII Slavorum*)[125] die frühmittelalterlichen *Sklabenoi* im Umfeld der byzantinischen Nordgrenze im Auge gehabt haben, während die zweite, bei Adam von Bremen entlehnte, nur fragmentarisch erhaltene Legende ([populi Sl]*avorum, qui sunt ab oriente [...] bo[...] hinc Pommeranos [...] Ungaros [...]*) wohl historisierend von den Mährern als Nachbarn der *Ungari, Boemi, Poloni* und *Pomorani* sprach.[126] Auch im Ebstorfer Kartenbild trat also die hochmittelalterliche Ausdifferenzierung des östlichen Europa in *nationes* bei gleichzeitiger Eingrenzung des *Sclavi*-Begriffs auf einen engeren, in diesem Fall historischen Teilverband hervor.

---

124 *Hartmut Kugler* (Hrsg.), Die Ebstorfer Weltkarte. Kommentierte Neuausgabe in zwei Bänden. Bd. 1: Atlas. Berlin 2007, 100–105; Bd. 2: Untersuchungen und Kommentar. Berlin 2007, 190–201, 235–240. Eine digitale, vom Institut für Kultur und Ästhetik digitaler Medien der Leuphana Universität Lüneburg realisierte Edition mit Hypertext-Transkriptionen und Übersetzungen nach der Kugler-Edition unter http://www.leuphana.de/ebskart (abgerufen am 27.1.2016); *Konrad Miller* (Hrsg.), Die Ebstorfkarte. (Die ältesten Weltkarten, Heft 5) Stuttgart 1896, bes. 17 f.; *von den Brincken*, Fines (wie Anm. 117), 91–93; *Jerzy Strzelczyk*, Der Prozess der Aktualisierung Polens und Osteuropas im Verständnis der gelehrten Kreise des 13. Jahrhunderts (mit besonderer Berücksichtigung der Otia imperialia des Gervasius von Tilbury und der Ebstorfer Weltkarte), in: Hartmut Kugler (Hrsg.), Ein Weltbild vor Columbus. Die Ebstorfer Weltkarte. Interdisziplinäres Colloquium 1988. Weinheim 1991, 146–166, hier 156, 158; *Jürgen Wilke*, Die Ebstorfer Weltkarte. 1. Textbd. (Veröffentlichungen des Instituts für historische Landesforschung der Universität Göttingen, Bd. 39.) Bielefeld 2001.

125 *Wallace M. Lindsay* (Hrsg.), Isidori Hispalensis episcopi Etymologarium sive originum libri XX. Oxford 1911, 556: *Ebrum fluvium Thracia fundit, qui etiam gentes barbarorum plurimas tangit.*

126 *Schmeidler* (Hrsg.), Adam von Bremen (wie Anm. 110), 80: *Marahi sunt populi Sclavorum, qui sunt ab oriente Behemorum, habentque in circuitu hinc Pomeranos et Polanos, inde Ungros.].*

V

Mit *Sklabenoi*, *Ṣaqāliba* und *Sclavi* haben die früh- und hochmittelalterlichen byzantinischen, arabischen und lateinischen Quellen – wie deutlich geworden sein dürfte – zu keinem Zeitpunkt eine ethnisch oder politisch-sozial definierte Großgemeinschaft im Sinne von „die Slaven“ im Auge gehabt.[127] Sie haben mit diesen Begriffen vielmehr aus einer jeweils ganz unterschiedlichen, eigenen Perspektive und immer nur für unterschiedliche Teilregionen des östlichen Europa sehr verschiedene, größere oder kleinere Gruppen und Verbände erfasst, die sie durch ihre Benennung vor allem als etwas Fremdes, zumeist Bedrohliches markierten. Wenn bei Jordanes im 6. Jahrhundert *Venethi*, *Antes*, *Sclaveni* als *ab una stirpe exorti* angesehen, bei al-Masudi im 10. Jahrhundert neben westslavischen Verbänden auch Ostfranken und Ungarn als *Ṣaqāliba* bezeichnet oder bei Helmold im 12. Jahrhundert auch Ungarn und Pruzzen zur *Slavania* gezählt werden, wird deutlich, dass das entscheidende Element, das die *Sclavi* als das Fremde vom Eigenen abgrenzte, nicht unbedingt die Verwandtschaft der slavischen

---

127 Auch hebräische Quellen bieten seit dem 10. Jahrhundert gelegentlich einschlägige Nachrichten. So führt eine in der ersten Hälfte des 10. Jahrhunderts in Süditalien vorgenommene hebräische Überarbeitung der Werke des Flavius Josephus, das *Sefer Yosippon* oder *Sefer Josef ben Gorion*, in seiner biblischen Völkerliste als Nachkommen Jafets Slaven (Saqlabi/סקלאבי) auf, zu denen es die Mährer (Morava/מוראוא), Kroaten (Kroati/כרואטי), Sorben/Serben (Surbin/סורבין), Lučane (Luzanin/לוצנין), Lechiten/Polen (Liicin/לייכין), Krakauer (Kraker/כראכר), Böhmen (Boimin/בוימין) zählt; *David Flusser* (Hrsg.), Sefer Yosippon, Bd. 1. Jerusalem 1981, 8 f. (hebräisch); *Gustav Flusser*, Zpráva o Slovanech v hebrejské kronice z X. století, in: Český Časopis Historický 48–49 (1947/48), 238–241, 611–613; *Lewicki*, Źrodła arabskie i hebrajskie (wie Anm. 45), 92, 96. In der berühmten Korrespondenz des spanisch-jüdischen Arztes Ḥasday ibn Šaprut (gest. 970) mit dem Kagan der Chazaren ist von einem *Melek ha-gebalim* bzw. *alṣaklab* (einem König der Gebalim bzw. der Ṣaqāliba) die Rede; *Pavel K. Kokovcov* (Hrsg.), Evrejsko-chazarskaja perepiska v X veke. Leningrad 1932, 14: מלך הגבלים שהם אלצקלאב; *Andreas Kaplony*, Routen, Anschlussrouten, Handelshorizonte im Brief von Ḥasdai ibn Shaprut († 970) an den chazarischen König, in: Peter Chavrát / Jiří Prosecký (Hrsg.), Ibrahim ibn Ya'qub at-Tartushi: Christianity, Islam and Judaism meet in East-Central Europe. Praha 1996, 140–168, hier 140 f.; *Saskia Dönitz*, Überlieferung und Rezeption des Sefer Yosippon. (Texts and Studies in Medieval and Early Modern Judaism, Bd. 29.) Tübingen 2013, bes. 2–19. In west- und mitteleuropäischen Bibel- und Talmudkommentaren, Responsen und Gebeten des 10./11.–13. Jahrhunderts werden die slavische Sprache bzw. slavischsprachige Gruppen zumeist mit dem biblischen Begriff *kena'an* bezeichnet, der gleichwohl – ähnlich wie das arabische *Ṣaqāliba* aber nicht nur slavischsprachige, sondern auch andere osteuropäische Bevölkerungsgruppen bezeichnen konnte; *Franciszek Kupfer / Tadeusz Lewicki* (Hrsg.), Źrodła hebrajskie do dziejów słowian i niektórych innych ludów środkowej i wschodniej Europy. Wrocław / Warszawa 1956, passim; *Lewicki*, Źrodła arabskie i hebrajskie (wie Anm. 45), 93–95.

Sprachen war. Dass große Teile der im östlichen Europa anzutreffenden Menschen eine Sprache sprachen, die über weite Räume hinweg als ähnlich, ja als gleich, in jedem Fall als verwandt erkannt wurde, hat die Verwendbarkeit von *Sklabenoi*, *Ṣaqāliba* und *Sclavi* gewiss erheblich gesteigert. Dennoch markierten diese Benennungen wohl weniger eine bloße sprachliche Differenz, als vielmehr den sozio-kulturellen Abstand, in dem das – pagane, gentile, politisch unkonsolidierte, Unruhe stiftende – Fremde dem Eigenen gegenüber wahrgenommen wurde.[128] Das galt mutatis mutandis auch noch im veränderten Kontext der hoch- bis spätmittelalterlichen Germania-Slavica, denn auch die christianisierten, im Rahmen des Landesausbaus in die ostmitteleuropäischen Territorialherrschaften integrierten *Sclavi/Wenden* blieben – ähnlich wie zuvor die in die karolingischen oder ottonischen Grundherrschaften einbezogenen *Sclavi* der entsprechenden Urkunden – der sozial und politisch schwächer gestellte und in Konflikt- und Krisensituationen auch aktiv stereotypisierte Bevölkerungsteil.[129]

128 Vgl. auch *Steinacher*, Wenden (wie Anm. 73), 336–338.
129 *Winfried Schich*, Zum Ausschluß der Wenden aus den Zünften nord- und ostdeutscher Städte im späten Mittelalter, in: Antoni Czacharowski (Hrsg.), Nationale, etnische und regionale Identitäten in Mittelalter und Neuzeit. Toruń 1994, 31–89; *Petra Weigel*, Slawen und Deutsche. Ethnische Wahrnehmungen und Deutungsmuster in der hoch- und spätmittelalterlichen Germania Slavica, in: Enno Bünz (Hrsg.), Ostsiedlung und Landesausbau in Sachsen. Die Kührener Urkunde von 1154 und ihr historisches Umfeld. Leipzig 2008, 47–94.

VI

Auch die indigenen osteuropäischen Quellen haben mit dem *Sclavi*-Begriff zunächst keinerlei Vorstellungen von einer slavischen Gemeinschaft oder einer gemeinsamen Abstammung verbunden. Die vor Ende des 9. Jahrhunderts entstandenen altkirchenslavischen Viten des Konstantin/Kyrill und Method verwendeten „slavisch" (словєньскы боукви / кнгиы словѣньскыи / кнѧзь словѣньскъ) beziehungsweise „Slaven" (словѣни) zur sprachlichen Differenzierung der missionierten Mährer und pannonischen Untertanen des Kocel[130], während die böhmischen Wenzels- und Ludmila-Legenden des ausgehenden 10., frühen 11. Jahrhunderts *Sclavi* lediglich in historischem Kontext zur Bezeichnung mährischer und böhmischer Teilgebiete gebrauchten.[131] Cosmas von Prag sprach zu Beginn des 12. Jahrhunderts wiederum von *lingua slavonica* und verwendete *Sclavi* gelegentlich als Synonym für *Boemi* – und dies bezeichnenderweise in Konfliktsituationen mit den Deutschen (*Teutonici*), von denen er berichtete, dass sie in ihrem Hochmut beständig die Sclavi [sprich: Böhmen] und ihre Sprache verachteten (*[...] innatam Teutonicis superbiam et, quod semper tumido fastu habeant despectui Sclavos et eorum linguam*).[132] In Polen zitierte der erste, anonyme Chronist der Piasten um 1113/16 einleitend zwar einen geographischen, den Adalbertsviten entlehnten *Sclavonia*-Begriff, handelte ansonsten aber ausschließlich von der polnisch-piastischen Geschichte bzw. den *Poloni*, ohne weiter

---

130 Žitije Konstantina, in: *Dagmar Bartoňková* u. a. (Hrsg.), Textus biographici, hagiographici, liturgici. (Magnae Maraviae Fontes Historici, Bd. 2.) Brno 1967, 60 – 115, hier 105, 110f.; Žitije Mefodija, in: ebd. 135 – 163, hier 143 f., 147.

131 Život sv. Ludmily, in: *Josef Emler* (Hrsg.), Vitae sanctorum et aliorum quorundam pietate insignium. (Fontes rerum Bohemicarum, Bd. 1.) Prag 1873, 191 – 198, hier 192; Křištanův Život sv. Ludmily i sv. Václava, in: ebd., 199 – 227, hier 200, 202, 204; zur Quelle vgl. auch *Marina Paramonova*, Familienkonflikt und Brudermord in der Wenzel-Hagiographie. Zwei Modelle des Martyriums, in: Michael Borgolte (Hrsg.), Das europäische Mittelalter im Spannungsbogen des Vergleichs. Zwanzig internationale Beiträge zu Praxis, Problemen und Perspektiven der historischen Komparatistik. (Europa im Mittelalter, Bd. 1.) Berlin 2001, 249 – 281, bes. 251 – 254.

132 *Berthold Bretholz* (Hrsg.), Die Chronik der Böhmen des Cosmas von Prag. (MGH SS rer. Germ. N.S., Bd. 2.) Berlin 1923, 44, 47, 56, 73, 93, 97; das Zitat 73; zu Cosmas' Selbst- und Fremdbild vgl. auch *Anna Aurast*, Wir und die Anderen. Identität im Widerspruch bei Cosmas von Prag, in: Felicitas Schmieder (Hrsg.), Produktive Kulturkonflikte. Berlin 2006, 28 – 38; *Dies.*,Nachbarn' als Fremde? ‚Nationale' Abgrenzung in der Vorstellungswelt von Gallus Anonymus und Cosmas von Prag, in: Jürgen Sarnowsky (Hrsg.), Bilder – Wahrnehmungen – Vorstellungen. Neue Forschungen zur Historiographie des hohen und späten Mittelalters. Göttingen 2007, 55 – 75, bes. 64 – 68.

auf den Begriff *Sclavi* zurückzugreifen.[133] Auch dem acht Jahrzehnte später schreibenden Krakauer Magister Vincentius ging es ausschließlich um die Polen und ihre, in diesem Fall bis in die Antike zurückgeführte Geschichte. Wenn er dabei ein einziges Mal von der *Sclavia* sprach, war damit nicht etwa eine ethnische Großgemeinschaft gemeint, sondern in antikisierender Personifizierung lediglich die Vorrangstellung der Polen innerhalb der zeitgenössischen slavischsprachigen Welt hervorgehoben.[134] Immerhin deutete sich hier eine zeitgenössische Instrumentalisierung des Sclavi/Slavia-Konzepts für politisch-dynastische Zwecke an, die andernorts – in der Rus' – bereits zu Beginn des 12. Jahrhunderts, später, im 13. und 14. Jahrhundert dann auch in Polen und in Böhmen eingesetzt wurde.

Die um 1115 zusammengestellte älteste Chronik der Kiever Rus', die *Povest' vremennych let*, führte die Geschichte der *Sloveni* (словѣни) in ihrer ethnographischen Einleitung ganz im Sinne der verbreiteten *origo gentis*-Vorstellungen bis auf biblische Zeiten zurück.[135] Dabei trieb sie keineswegs die Frage nach den Ursprüngen der Slaven, sondern die Frage nach den Anfängen des rus'ischen Landes um.[136] Diesem sollte ein möglichst alter Stammbaum zugeschrieben werden. Zu diesem Zweck verband die Chronik die Geschichte vom Turmbau zu

133 *Karol Maleczyński* (Hrsg.), Galli Anonymi cronicae et gesta ducum sive principum Polonorum. (Monumenta Poloniae Historica NS, Bd. 2.) Krakau 1952, bes. 7f., 39; zum geographischen Konzept des Gallus *Eduard Mühle*, Władza i przestrzeń w Polsce wczesnopiastowskiej. O przestrzennym konstruowaniu władzy u Galla Anonima, in: Waldemar Bukowski / Tomasz Jurek (Hrsg.), Narodziny Rzeczpospolitej. Studia z dziejów średniowiecza i czasów wczesnonowożytnych. Kraków 2012, 831 – 847; zur Quelle: *Ders.*, Cronicae et gesta ducum sive principium Polonorum. Neue Forschungen zum so genannten Gallus Anonymus, in: Deutsches Archiv zur Erforschung des Mittelalters 65 (2009), 459 – 496.

134 *Marian Plezia* (Hrsg.), Magistri Vincentii dicti Kadłubek Chronica Polonorum. (Monumenta Poloniae Historica. Nova Series, Bd. 11.) Kraków 1994; *Eduard Mühle* (Hrsg.), Die Chronik der Polen des Magisters Vincentius/Magistri Vincentii Chronica Polonorum. (Ausgewählte Quellen zur Geschichte des Mittelalter, Bd. 48.) Darmstadt 2014, 118; vgl. auch *František Graus*, Die Nationenbildung der Westslawen im Mittelalter. (Nationes. Historische und philologische Untersuchungen zur Entstehung der europäischen Nationen im Mittelalter, Bd. 3.) Sigmaringen 1980, 72.

135 Vgl. *Arnold Angenendt*, Der eine Adam und die vielen Stämme. Idee und Wirklichkeit der Origo gentis im Mittelalter, in: Peter Wunderli (Hrsg.), Herkunft und Ursprung. Historische und mythische Formen der Legitimation. Sigmaringen 1994, 27 – 52, bes. 38 – 43; *Alheydis Plassmann*, Origo gentis. Identitäts- und Legitimitätsstiftung in früh- und hochmittelalterlichen Herkunftserzählungen. (Orbis mediaevalis, Bd. 7.) Berlin 2006, bes. 11 – 27.

136 Dies im Titel so klar benannt: „Dies sind die Erzählungen von den Anfangsjahren, woher das rus'ische Land kam [und] wer in Kiev als erster zu herrschen begann", *Lichačev* (Hrsg.), Povest' (wie Anm. 39), 9; zur Quelle auch *Ilina Tschekova*, Genese und kommunikative Funktion der altrussischen Nestorchronik, in: Erik Kooper (Hrsg.), The Medieval Chronicle II. Proceedings of the 2nd International Conference on the Medieval Chronicle Driebergen/Utrecht 16 – 21 July 1999. Amsterdam / New York 2002, 250 – 267.

Babel, die sie direkt oder vermittelt byzantinischen Quellen, insbesondere dem *Chronikon* des Georgios Monachos (Hamartalos) entnahm[137], mit einer spezifischen Migrationsgeschichte der *Sloveni:* Nach der babylonischen Sprachverwirrung sei der *jazyk' slověnec'* (языкъ словѣнесъ), d. h. die slavische Sprache bzw. das slavische Volk – beide Varianten der Übersetzung des altkirchenslavischen языкъ sind möglich – eine der neuen 72 Sprach(gemeinschaft)en gewesen.[138] Im Anteil Jafets hätten sich die *Sloveni* „an der Donau niedergelassen, wo jetzt das Ungarische Land ist und das Bulgarische." Von dort aus hätten sie sich – von rätselhaften Volochen (Волохи) bedrängt – „über die Erde" ausgebreitet und „mit eigenen Namen" benannt, je nachdem „wo sie siedelten, an welchen Orten." So sei es zu den Bezeichnungen Mährer (*Морава*), Böhmen (*Чеси*), Kroaten (*Хровате*), Serben (*Серебь*), Karantanen (*Хорутане*), Polen (*Ляхове*), aber auch zur Benennung slavischer Verbände innerhalb der Kiever Rus', nämlich der Poljanen (*Поляне*), Derevljanen (*Древляне*), Dregovičen (*Дреговичи*), Ločanen (*Полочане*) Severanen (*Сѣвръ*) und der am Ilmensee siedelnden Slovenen (словѣни) gekommen.[139] Im chronologischen Teil der *Povest'* begegnet die gleiche Geschichte zum Jahr 6406 (= 898) noch einmal in einer Kurzversion. Diese lässt die herrschaftslegitimierende Stoßrichtung der Erzählung bereits deutlicher hervortreten. Denn zum einen verband sie den *языкъ словѣнесъ* – die slavische Sprache/das slavische Volk – nun explizit mit der Rus', zum anderen mit der Heiligen Schrift. Für die Rus', so die Chronik, „wurden zuerst die Bücher [= die Hl. Schrift], [und zwar] in Mähren, übersetzt, die [auch] ‚slavische Schrift' genannt wird, die auch in der Rus' und bei den Donaubulgaren die [gültige] Schrift ist."[140] Ganz augenscheinlich sollte die Legende von der pannonischen ‚Urheimat' und der von dort ausgegangenen Ausbreitung des *языкъ словѣнесъ* bzw. der *словѣни* bis in die unterschiedlichen Gebiete der Kiever Rus' hinein diese an die älteren christlichen Herrschaftsbildungen der Bulgaren und Mährer sowie deren Missionsgeschichte

---

137 *Vasilij M. Istrin* (Hrsg.), Knigy vremennaja i obraznaja Georgija Mniha. Chronika Georgij Amartola v drevnem slavjanorusskom perevode. Petrograd 1920, ND München 1972.

138 *Lichačev* (Hrsg.), Povest' (wie Anm. 39), 9–11.

139 Deutsch zitiert nach *Ludolf Müller* (Hrsg.), Die Nestorchronik. Die altrussische Chronik, zugeschrieben dem Mönch des Kiever Höhlenklosters Nestor, in der Redaktion des Abtes Sil'vestr aus dem Jahre 1116, rekonstruiert nach den Handschriften Lavrent'evskaja, Radzivilovskaja, Akademičeskaja, Troickaja, Ipat'evskaja und Chlebnikovskaja. (Handbuch zur Nestorchronik, Bd. 4.) München 2001, 6 f.

140 *Lichačev* (Hrsg.), Povest' (wie Anm. 39), 21: *яже нынѣ зовомая Рус. Симъ бо первое преложены книги, моравѣ, яже прозвася грамота словѣньская, яже грамота есть в Руси и в болгарѣх дунайсихъ*; eigene Übersetzung, vgl. aber *Müller* (Hrsg.), Die Nestorchronik (wie Anm. 139), 26 und *Reinhold Trautmann* (Hrsg.), Die altrussische Nestorchronik Povest' vremnennych let. (Slavische-baltische Quellen und Forschungen, Bd. 6.) Berlin 1931, 14.

anschließen. Auf diese Weise konnten das rus'ische Land als uralter Teilhaber der christlichen Heilsgeschichte, der aktuelle Kiever Großfürst Vladimir Monomach (gest. 1125) als legitimer Senior der herrschenden Rjurikiden und die Rus' als eine im Konzert der zeitgenössischen politischen Kräfte ebenbürtige Macht erwiesen werden.[141] Dass der Chronist dabei auf mündlich überlieferte Erinnerungen an tatsächliche slavische Wandervorgänge zurückgegriffen hat, erscheint ebenso unwahrscheinlich wie die Annahme, dass seine Geschichte ein ethnisch-gesamtslavisches Selbstbewusstsein ausdrücken wollte. Hier kam allenfalls ein Bewusstsein von jener sprachlich-kulturellen Verbindung zum Ausdruck, die in der kyrillo-methodianischen Tradition der slavischen Liturgiesprache verankert war. Die ‚Herkunfts- und Wanderlegende' der *Povest'* dürfte also nichts anderes als eine von biblischen Bildern inspirierte gelehrte Erfindung gewesen sein[142], wie sie in zahllosen Varianten der biblischen *origo gentis* auch andernorts begegnet und wohl auch hinter jenen älteren Andeutungen einer vermeintlichen slavischen ‚Urheimat' oder ‚Urgemeinschaft' vermutet werden darf, die bei Jordanes, dem Kosmographen von Ravenna, dem Bayrischen Geographen, al-Mas'ūdī und Konstantin Porphyrogennetos begegnen.[143]

Ähnliche geschichtspolitische Absichten, wie sie die slavische Herkunfts- und Wandersage der *Povest'* motiviert haben, wurden seit dem letzten Viertel des 13. Jahrhunderts auch in böhmischen und polnischen Texten verfolgt. So appellierte ein dem Prager Notar Heinrich von Isernia (gest. nach 1278) zugeschriebenes Manifest Přemysl Otakars II. 1278 an die Bluts- und Sprachverwandschaft der Böhmen und Polen, um die piastischen Herzöge sowie die schlesischen und böhmischen Adligen für den gemeinsamen Kampf gegen König Rudolf I. zu ge-

---

141 Vgl. *Arno Borst*, Der Turmbau von Babel. Geschichte der Meinungen über Ursprung und Vielfalt der Sprachen und Völker. Bd. 1: Fundamente und Aufbau. Stuttgart 1957, 317–320; Bd. 2: Ausbau. Stuttgart 1959, 700–703; *Alexander Rukavishnikov*, Tale of Bygone Years: the Russian Primary Chronicle as a family chronicle, in: Early Medieval Europe 12/1 (2003), 53–74; *Oleksiy P. Tolochko*, The Primary Chronicle's ‚Ethnography' Revisited: Slavs and Varangians in the Middle Dniepr Region and the Origin of the Rus' State, in: Ildar H. Garipzanov / Patrick J. Geary / Przemysław Urbańczyk (Hrsg.), Franks, Northmen, and Slavs. Identities and State Formation in Early Medieval Europe. (Cursor Mundi, Bd. 5.) Turnhout 2008, 169–188, bes. 177–183; *Elena Melnikova*, Mental Maps of the Old Russian chronicle-writer of the early twelth century, in: Line Bjerg / John H. Lind / Soren M. Sindbaek (Hrsg.), From Goths to Varangians. Communication and Cultural Exchange between the Baltic and the Black Sea. (Black Sea Studies, Bd. 15.) Aarhus 2013, 317–340, bes. 318–330.

142 Zum biblischen Hintergrund der *Povest'* ausführlich *Igor' N. Danilevskij*, Povest' vremennych let. Germenevtičeskie osnovy istočnikovedenija letopisnych tekstov, Moskva 2004.

143 Vgl. *Gerard Labuda*, Okres 'wspólnoty' słowiańskiej w świetle źródeł i tradycji historycznej, in: Slavia Antiqua 1 (1948), 181–227.

winnen.[144] War hier noch nicht von einer slavischen Gemeinschaft die Rede[145], so führte das im ersten Drittel des 14. Jahrhunderts im Zisterzienserkloster Königssaal bei Prag verfasste *Chronicon Aulae Regiae* die Bereitschaft der polnischen Großen, den böhmischen König Wenzel II. (gest. 1305) auch zu ihrem polnischen König zu erheben, bereits ausdrücklich auf die slavische Gemeinsamkeit zurück.[146] Die Geschichtspolitik Karls IV. (gest. 1378) hat diese Art von Propaganda dann weiter verfeinert und die ‚slavische Idee' systematischer – wenn auch im Ergebnis tatsächlich wenig wirkmächtig – als legitimitätsstiftendes Instrument eingesetzt. Das geschah zum einen durch eine besondere Förderung des römisch-glagolitischen Kirchenritus und des Kultes des Heiligen Hieronymus als dessen vermeindlichem Urheber;[147] zum anderen mit Hilfe der offiziellen Hofgeschichtsschreibung.[148] Sowohl die 1355–1358 als königliches Auftragswerk entstandene *Cronica Bo-*

144 O(ttacarus), rex Boh. auxilium exposcit a ducibus Poloniae, in: *Josef Emler* (Hrsg.), Regesta diplomatica necon epistolaria Bohemiae et Moraviae, Bd. 2. Prag 1882, 466–468: *nobis magis est conformis spaciose Polonie nacio et inter universas orbis provincias nostris (…) regionibus eadem cuiusdam proprietate similitudinis magis eciam est affinis; ipsa enim in lingue consonancia nobis convenit: ipsa proxima loci contiguitate, nullius interiecta distancie spacio, terris nostris coniungitur: ipsa et unione glutinatur sanguinis, et affinitatis nobis connectitur vinculo.*

145 Vgl. *Roman Heck*, Poczucie wspólnoty słowiańskiej w czesko-polskich stosunkach politycznych w średniowieczu, in: Z polskich studiów slawistycznych. Seria 3: Historia. Prace na VI międzynarodowy kongres slawistów w Pradze 1968. Warszawa 1968, 67–78, hier 69f.; *Feliks Grabski*, Poczucie jedności słowiańskiej a świadomość narodowościowa w Polsce średniowiecznej, in: ebd., 79–89, hier 82; *Graus*, Nationenbildung (wie Anm. 134), 130f.; *Jerzy Strzelczyk*, Auf der Suche nach der nationalen Identität im Mittelalter. Der Fall Polen, in: Borgolte (Hrsg.), Das europäische Mittelalter (wie Anm. 131), 359–369, hier 362.

146 Petra Žitavského Kronika Zrabslavská, in: *Josef Emler* (Hrsg.), Fontes rerum Boehmicarum, Bd. 4. Prag 1884, 81: *Convenient enim in rege et sub uno gaubebunt principe, qui non multum dissonant in idiomate Slauice lingwe. Nam qui idem lingwagium locuntur, plerumque amoris se arcioris nexibus complectuntur.*

147 *Graus*, Nationenbildung (wie Anm. 134), 132; *Julia Verkholantsev*, St. Jerome, Apostle to the Slavs, and the Roman Slavonic Rite, in: Speculum 87 (2012), 37–61, bes. 48–55.

148 Vgl. *Maria Bláhová*, Die Hofgeschichtsschreibung am böhmischen Herrscherhof im Mittelalter, in: Rudolf Schieffer / Jarosław Wenta (Hrsg.), Die Hofgeschichtsschreibung im mittelalterlichen Europa. (Subsidia Historiographica, Bd. 3.) Toruń 2006, 51–73, bes. 60–68; *Dies.*, Zur Fälschung und Fiktion in der offiziellen Historiographie der Zeit Karls IV., in: Horst Fuhrmann (Hrsg.), Fälschungen im Mittelalter. Teil 1: Kongreßdaten und Festvorträge, Literatur und Fälschung. (MGH Schriften, Bd. 33,1.) Hannover 1988, 377–394, bes. 385; *Norbert Kersken*, Geschichtsschreibung im Europa der ‚nationes'. Nationalgeschichtliche Gesamtdarstellungen im Mittelealter. (Münstersche Historische Forschungen, Bd. 8.) Köln / Wien / Weimar 1995, 587–651; *Václav Žůrek*, Godfrey of Viterbo and his Readers at the Court of Emperor Charles IV, in: Thomas Foerster (Hrsg.), Godfrey of Viterbo and his Readers. Imperial Tradition and Universal History in Late Medieval Europe. (Church, Faith and Culture in the Medieval West.) Farnham / Burlington 2015, 89–104.

emorum des Florentiners Johannes von Marignola (gest. 1358/59) als auch das 1374 von dem südböhmischen Adligen Přibíb Pulkava von Radenín (gest. 1380) verfasste gleichnamige Werk banden die böhmische Geschichte an eine bis auf biblische Zeiten zurückgeführte, selbst römische Kaiser als slavische Vorfahren beanspruchende slavische Frühgeschichte zurück.[149] Damit sollte nicht nur das Selbstbewusstsein der böhmischen Adelsgesellschaft gehoben, sondern vor allem der landfremde König als Sohn einer böhmischen Přemyslidin in die genealogische Konstruktion einer slavischen, letztlich biblischen Abstammungsgemeinschaft eingeschrieben werden.[150]

Auch Karls Zeitgenosse Kasimir III. (gest. 1370) scheint das legitimitätsstiftende Potential der ‚slavischen Idee' entdeckt zu haben. Jedenfalls stellte sein Unterkanzler Jan von Czarnków, einer der herausragenden politischen Köpfe seiner Zeit, die polnische Geschichte erstmals bewusst in einen gesamtslavischen Zusammenhang. Dazu fügte er in der ihm zugeschriebenen Redaktion der Großpolnischen Chronik[151] der bereits zu Beginn des 14. Jahrhunderts in der Chronik des Krakauer Franziskaners Dzierzwa konstruierten biblisch-antiken Genealogie

---

149 Kronika Jana z Marignoly / Cronica Boemorum, in: *Josef Emler* (Hrsg.), Fontes rerum Bohemicarum, Bd. 3. Prag 1882, 492–604, bes. 520: *Helysa* [= Sohn, recte: Enkel Jafets] *enim, pater Sclauice gentis fuit, unde Sclaui quasi Helisani vel gloriosi dicuntur.(...) Quis ergo maior gloria domus Sclauice gentis potest esse, quam proles inclita illustrissime Elisabeth Karolus, Romanorum imperator et semper augustus, heres Boemici regni?Nam si eiusdem generis et sa]n[gwinis fuerit maximus Dyoclecianus augustus et Maximimianus eius filius, Romani imperatoris.*

150 Anders als die Chronik des Johannes von Marignola leitete das zweite, von Karl IV. in Auftrag gegebene offizielle Geschichtswerk, die Chronik des Přibíb Pulkava von Radenín, das Ethnonym *Slouani* vom slavischen Wort *slovo* (= Wort) ab: *Ibi eciam unum ydioma slouanicum (...) sumpsit inicium, de quo gentes eiusdem ydiomatis Slouani sunt vocati. In lingua enim eorum slowo verbum, slowa verba dicuntur, et sic a verbo vel verbis dicti ydiomatis vocatis Slouani.* Zugleich führte Pulkava erstmals das Bild der beiden Brüder Czech und Lech als Symbol der slavischen Bruderschaft ein und akzentuierte Böhmen geographisch als Ausgangspunkt der weiteren Ausbreitung der mitteleuropäischen Slaven, woraus gleichfalls zeitgenössische Vormachtansprüche abgeleitet werden konnten: *Polonia, Russia et multis aliis ducatibus et terris (...) regno et corone Boemi subiecit*; Kronika Pulkova / Cronica Przibiconis dicti Pulkaua, in: *Josef Emler* (Hrsg.) Fontes rerum Bohemicarum, Bd. 5. Prag 1893, 3–326, hier 4 f., 17.

151 Die bis heute sehr kontroversen Positionen der polnischen Forschung zur Entstehungsgeschichte der Großpolnischen Chronik zuletzt ausführlich erörtert bei *Wojciech Drelicharz*, Idea zjednoczenia królestwa w średniowiecznym dziejopisarstwie polskim. Kraków 2012, 357–368; vgl. auch *Jerzy Strzelczyk*, Westslawische Reminiszenzen der Großpolnischen Chronik, in: Wolfgang Jürries (Hrsg.), Beiträge zur Archäologie und Geschichte Nordostniedersachsens. Berndt Wachter zum 70. Geburtstag. (Schriftenreihe des Heimatkundlichen Arbeitskreises Lüchow-Dannenberg, Bd. 8.) Lüchow 1991, 145–154, hier 145 f.; *Janusz Bieniak*, Jan (Janek) von Czarnków. Unvollendete polnische Chronik aus dem 14. Jahrhundert, in: Quaestiones Medii Aevi Novae 14 (2009), 123–183.

der Polen[152] einen Heros Eponymos namens Pan ein. Von diesem etymologisch mit ‚Herr' bzw. ‚Herrscher' verknüpften Namen leitete er eine slavische Urheimat in Pannonien [sprich: Ungarn] ab.[153] Zugleich erweiterte er das Zwei-Brüder-Motiv der Pulkava-Chronik zu einem Drei-Brüder-Motiv, indem er neben Czech und Lech mit Rus einen dritten Sohn des Pan vorstellte. Damit stattete Jan von Czarnków die drei zeitgenössischen ostmitteleuropäischen Königreiche – Ungarn, Böhmen, Polen – sowie die Rus', deren westliche Teile (Halič-Wolhynien) Kasimir III. für das Königreich Polen erobert hatte – nicht nur mit einem altehrwürdigen Stammbaum aus, sondern profilierte sie auch als die historisch maßgeblichen Mächte, aus denen *plura alia regna et dominia Slawonice nacionis excreverunt*.[154] Wenn dabei den Polen explizit die Vorherrschaft zugeschrieben wurde,[155] so rührte das aus einer ähnlichen geschichtspolitischen Absicht, wie sie die Hofhistoriographen Karls IV. verfolgten – auch Kasimirs machtpolitisches, auf slavische Gebiete im Norden und Osten ausgerichtetes Expansionsprogramm bedurfte der Legitimationsstiftung.[156]

---

152 *Krzysztof Pawłowski* (Hrsg.), Chronica Dzirsvae / Kronika Dzierzwy. (MPH NS, Bd. 15.) Kraków 2013, 1–3: *Sciendum ergo est, quod Poloni de stirpe sunt Japheth, qui fuit filius Noe.* Die hieran angeschlossene Genealogie ließ die Polen nicht nur von Noah abstammen, sondern erklärte sie über die Einreihung des Aeneas auch zu Nachfahren der Trojaner. In der weiter folgenden Übersicht über die *regiones et regna*, die die Nachkommen Jafets bzw. des *pater Polonorum Wandalus* in Besitz genommen hätten, werden im einzelnen *Russia, Polonia, Pomorania, Swecia, Cassubia, Sarnia, Bohemia, Moravia, Stiria, Carinthia, Carneola, Sclavonia, que nunc Dalmatcia dicitur, Chorvatia, Pannonia, Bulgaria* genannt, nicht aber eine einheitliche *Sclavia*. Dennoch wird hier implizit die Vorstellung vermittelt, dass all diese Länder unter einer gewissen Führung der Polonia, die als *maxima terra et mater* bezeichnet wird, eine Einheit gebildet hätten; vgl. *Brygida Kürbisówna*, Kształtowanie się pojęć geograficznych o słowiańszczyźnie w polskich kronikach przeddługoszowych, in: Slavia Antiqua 3 (1951/52), 252–282, hier 272 f.; *Jacek Banaszkiewicz*, Kronika Dzierzwy. XIV-wieczne kompendium historii ojczystej. Wrocław u. a. 1979, 32–51, 66–77; *Kersken*, Geschichtsschreibung (wie Anm. 148), 527–529.

153 *Brygida Kürbis* (Hrsg.), Chronica Poloniae Maioris / Kronika Wielkopolska. (MPH NS, Bd. 8.) Warszawa 1970, 4: *Scribitur enim in vetustissimis codicibus quod Pannonia sit mater et origo omnium Sclauonicarum nacionum, Pan enim iuxta grecam et Sclauorum interpretacionem dicitur totum habens.*

154 *Kürbis* (Hrsg.), Chronica Poloniae Maioris (wie Anm. 153), 5.

155 *Kürbis* (Hrsg.), Chronica Poloniae Maioris (wie Anm. 153), 4: *apud Lechitas et dominium ac tocius superioritatis imperii, prout tam ex cronicis quam ex gadibus apperet, semper habebatur.*

156 *Brygida Kürbisówna*, Studia nad Kroniką wielkopolską. Poznań 1952, 116; *Dies.*, Kształtowanie (wie Anm. 152), 267 f., 273; *Grabski*, Poczucie (wie Anm. 145), 84–86, 89; *Heck*, Poczucie (wie Anm. 145), 72 f., 78; *Graus*, Nationenbildung (wie Anm. 134), 133 f.; *Kersken*, Geschichtsschreibung (wie Anm. 148), 529–532.

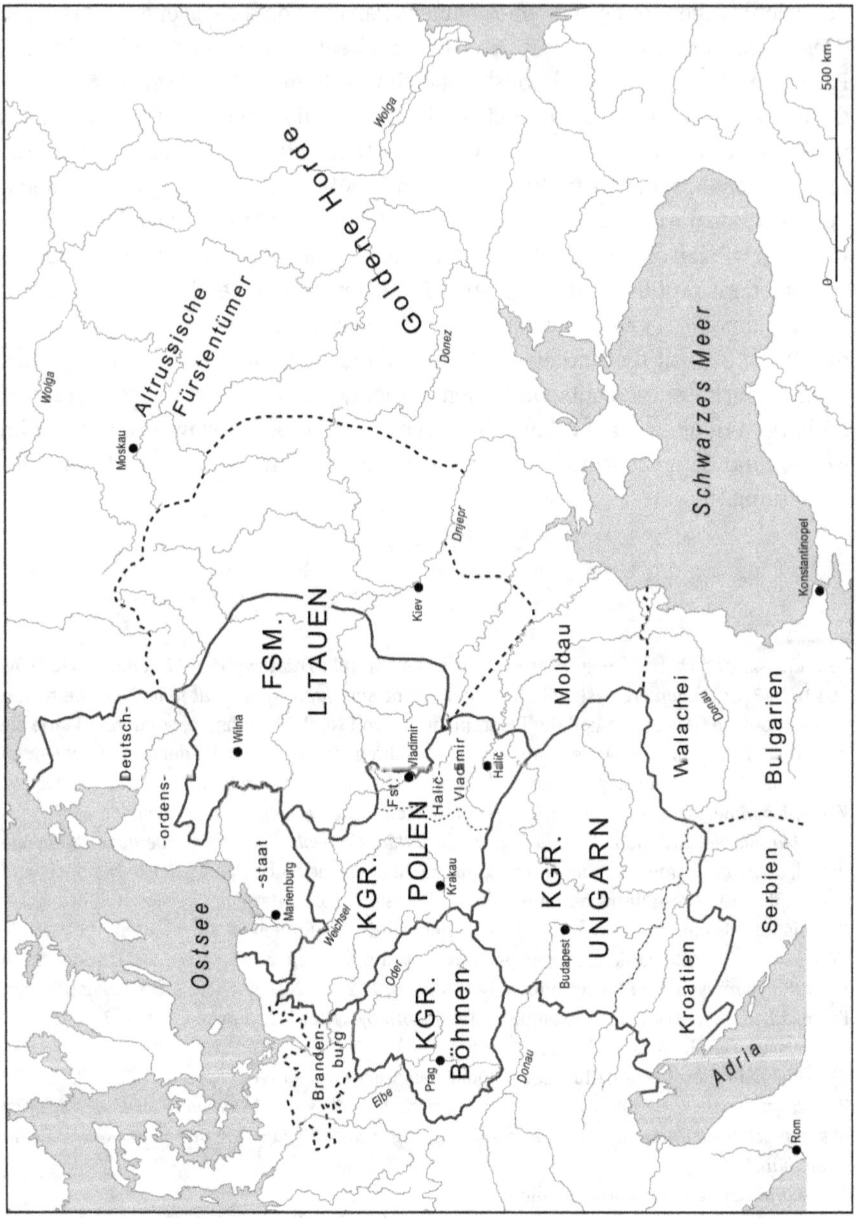

Karte 4: Das östliche Europa um 1400

Auch die böhmischen und polnischen ‚slavischen Konzeptionen' des 13. und 14. Jahrhunderts, deren zeitgenössische Wirkung letztlich gering blieb,[157] können schwerlich als Beleg für ein uraltes-primordiales oder erst im Mittelalter ausgeformtes gesamtslavisches Bewusstsein angesehen werden. Sie stellten nicht mehr als künstlich produzierte, gelehrte Konstrukte dar, die in einer konkreten politischen Situation eine ganz bestimmte geschichtspolitische, Legitimität stiftende und politische Allianzen fördernde Funktion zu erfüllen hatten. Damit aber standen sie neuzeitlichen panslavischen Konzepten und deren Instrumentalisierungen bereits weitaus näher als der mittelalterlichen Wirklichkeit der slavischsprachigen Lebenswelten.

Wie diese jenseits der Sklabenoi-, Ṣaqāliba -, und Sclavi-Konzepte der byzantinischen, arabischen und lateinischen Quellen des 6.–14. Jahrhunderts konkret aussahen, konnte hier nur angedeutet, nicht aber detailliert ausgeführt werden. Das ist eine neue, umfangreiche Aufgabe, für die – das sollten die vorstehenden Ausführungen gezeigt haben – ein pauschaler, undifferenzierter Slaven-Begriff kaum ein zureichendes heuristisches Instrument darstellen kann. Selbst im frühen Mittelalter haben slavischsprachige Verbände keine ethnisch einheitlichen Gruppen gebildet, vielleicht nicht einmal ein Bewusstsein der Zusammengehörigkeit besessen.[158] Eine gesamtslavische – ethnische oder auch nur kulturelle – Einheit haben sie, mögen die Archäologen auch glauben, eine ganz Osteuropa überspannende ‚slavische materielle Kultur' nachweisen zu können[159],

---

157 Vgl. auch *Andrzej Janeczek*, Świadomość wspólnoty słowiańskiej w pełnym i późnym średniowieczu, in: Krzysztof A. Makowski / Monika Saczyńska (Hrsg.), Słowianie. Idea i rzeczywistość. Poznań 2013, 19–70, bes. 20f.; *Monika Saczyńska*, Czy istnieli Słowianie w późnym średniowieczu? Uwagi na podstawie lektury *Roczników* Jana Długosza, in: ebd., 71–105.

158 *Walter Pohl*, Die Awaren und ihre Beziehungen zu den Slawen, in: Rajko Bratož (Hrsg.), Slowenien und die Nachbarländer zwischen Antike und Karolingischer Epoche. Anfänge der slowenischen Ethnogenese, Bd. 1. Ljubljana 2000, 341–354; *Ders.*, Die ethnische Wende (wie Anm. 7); *Jerzy Gassowski*, The Early Slavs – Nation or Religion?, in: Walter Pohl / Max Diesenberger (Hrsg.), Integration und Herrschaft. Ethnische Identitäten und soziale Organisation im Frühmittelalter. (Denkschriften. Österreichische Akademie der Wissenschaften. Philosophisch-Historische Klasse, Bd. 301.) Wien 2002, 269–272; *Sebastian Brather*, Ethnische Identitäten aus archäologischer Perspektive, in: Stefan Zimmer (Hrsg.), Kelten am Rhein. Akten des dreizehnten Internationalen Keltologiekongresses. (Beihefte der Bonner Jahrbücher, Bd. 58.) Mainz 2009, 1–12, hier 4f.; *Michael Borgolte*, Mythos Völkerwanderung. Migration oder Expansion bei den ‚Ursprüngen Europas', in: Viator. Medieval and Renaissance Studies 41 (2010), 23–47, hier 26f.

159 Allerdings mehren sich auch unter Archäologen Zweifel an diesem Paradigma, vgl. *Marek Dulinicz*, Die Slawen – das zersplitterte Volk, in: Srednij vek. Arheološke raziskave med Jadranskim morjem in Panonsko nižino / Mittelalter. Archäologische Forschungen zwischen der Adria und der Pannonischen Tiefebene. Ljubljana 2008, 13–19, bes. 14; *Sebastian Brather*, Die Anfänge slawischer Besiedlung westlich von Oder und Neisse, in: Piotr Kaczanowski / Michal Parczewski

sicher nicht gebildet. Und auch die slavische Sprache mag zwar das leichte gegenseitige Verstehen ermöglicht, aber nicht notwendigerweise auch ein wechselseitiges Verständnis, geschweige denn eine gemeinsame Identität gestiftet haben.[160] Der „Verlockung von Identitätsbehauptungen" sollte also künftig widerstanden werden.[161] Denn die Zweifel, die die Mediävisten neuerdings an der christlichen Einheitskultur Europas hegen,[162] können mit umso größerer Berechtigung gegenüber einer vermeintlichen mittelalterlichen slavischen Einheitskultur ins Feld geführt werden.[163]

(Hrsg.), Archeologia o początkach Słowian. Kraków 2005, 527–540; *Ders.*, The Western Slavs of the Seventh to the Eleventh Century – An Archaeological Perspective, in: History Compass 9 (2011), 454–473.

160 *Hans-Werner Goetz*, Lingua. Indizien und Grenzen einer Identität durch Sprache im frühen Mittelalter, in: Walter Pohl (Hrsg.), Sprache und Identität im frühen Mittelalter. (Forschungen zur Geschichte des Mittelalters, Bd. 20.) Wien 2012, 61–74, bes. 63.

161 *Michael Borgolte*, Mittelalter in der größeren Welt. Eine europäische Kultur in globaler Perspektive, in: Historische Zeitschrift 295 (2012), 35–61, hier 61.

162 *Klaus Herbers*, Zur Einführung Grenzräume und Grenzüberschreitungen im Vergleich, in: Ders. / Nikolas Jaspert (Hrsg.), Grenzräume und Grenzüberschreitungen im Vergleich. Der Osten und der Westen des mittelalterlichen Lateineuropa. (Europa im Mittelalter, Bd. 7.) Berlin 2007, 9–18, hier 9.

163 Schon *Manfred Hellmann*, Herrschaftliche und genossenschaftliche Elemente in der mittelalterlichen Verfassungsgeschichte der Slawen, in: Zeitschrift für Ostforschung 7 (1958), 321–338, hier 321 betonte, „dass von einer slawischen Einheit nicht gesprochen werden kann, (...) sondern dass von allem Anfang an Vielfalt und Vielschichtigeit als Kennzeichen des Slawentums anzusehen sind." Mit dem Begriff „Slawentum" hielt er hier zwar implizit an der an sich in Zweifel gezogenen Einheit fest, doch würde der 1992 verstorbene Osteuropahistoriker heute zweifellos der Feststellung von *Michael Borgolte*, Migrationen als transkulturelle Verflechtungen im mittelalterlichen Europa. Ein neuer Pflug für alte Forschungsfelder, in: *Ders.*, Mittelalter in der größeren Welt (wie Anm. 160), 425–444, hier 431 zustimmen, dass es „in transkultureller Perspektive (...) keine reinen, sondern (...) nur hybride Kulturen [gibt], in denen sich Elemente verschiedener Herkunft vermischt und gegebenenfalls etwas ganz Neues ergeben haben."

Zu Person und Werk des Autors

Eduard Mühle (geb. 1957) wurde nach Studien u. a. in London und Jerusalem in Münster 1990 mit einer Abhandlung über die mittelalterliche Rus' promoviert („Die städtischen Handelszentren der nordwestlichen Rus'. Anfänge und frühe Entwicklung altrussischer Städte bis gegen Ende des 12. Jahrhunderts". Stuttgart 1991). Danach schrieb er für die Frankfurter Allgemeine Zeitung und war Referats- und Abteilungsleiter in der Deutschen Forschungsgemeinschaft und der Hochschulrektorenkonferenz, bevor er 1995 für ein Jahrzehnt Direktor des Leibniz-Instituts für historische Ostmitteleuropaforschung (Herder-Institut) in Marburg wurde. 2004 konnte sich Mühle in Marburg habilitieren; die Abhandlung war mit Hermann Aubin einer wichtigen Gestalt der deutschen Mittelalterforschung der 1910–1960er Jahre und dem führenden Vertreter der berüchtigten sogenannten deutschen Ostforschung gewidmet („Für Volk und Deutschen Osten". Düsseldorf 2005). Noch im selben Jahr wurde Mühle auf die Professur für Geschichte Ostmitteleuropas und Osteuropas und zum Direktor der Abteilung für Osteuropäische Geschichte an der Universität Münster berufen. Schon 2008 unterbrach er dort seine Tätigkeit wieder, um für fünf Jahre Direktor des Deutschen Historischen Instituts in Warschau zu werden; seit 2013 ist er in Münster zurück.

Seinen Aufenthalt in Warschau hat Eduard Mühle dazu genutzt, sich besonders nachdrücklich der polnischen Geschichte zu widmen. 2011 erschien eine Darstellung des bedeutenden polnischen Herrschergeschlechts der Piasten, 2015 eine Geschichte der Stadt Breslau, die im Titel weder als deutsche noch als polnische, sondern als europäische Metropole bezeichnet wird. Mehrere Monographien und Sammelbände hat Mühle den Hochschulreformen in Russland und Ungarn sowie dem Hochschulwesen in anderen osteuropäischen Ländern nach dem Ende des Kalten Krieges gewidmet; besondere Verdienste hat er sich dadurch erworben, dass er die Erträge der polnischen Mediävistik in deutschen Übersetzungen verbreitete (u. a.: „Monarchische und adlige Sakralstiftungen im mittelalterlichen Polen" in der Reihe „StiftungsGeschichten" des Akademie Verlags / Verlags de Gruyter, Berlin 2013). Wie sehr es Mühle ein Anliegen ist, die Aufmerksamkeit deutscher Historiker_innen auf Polen zu lenken, hat er auch dadurch belegt, dass er 2014 eine deutsche Übersetzung der lateinischen Chronik des Magisters Vincentius vorlegte, einer der bedeutendsten Quellen des polnischen Mittelalters. Im selben Jahr wurde er mit dem Alexander von Humboldt-Forschungspreis der Fundacja na rzecz Nauki Polskiej (Stiftung für die Polnische Wissenschaft) ausgezeichnet.

www.ingramcontent.com/pod-product-compliance
Lightning Source LLC
Chambersburg PA
CBHW070310230426
43664CB00015B/2712
* 9 7 8 3 1 1 0 4 8 8 1 4 2 *